JN243822

河原一久
Kazuhisa KAWAHARA

スター・ウォーズ フォースの覚醒

STAR WARS: THE FORCE AWAKENS
THE LAST CHRESTOMATHY FOR PREPARATION AND REVIEW

予習復習最終読本

決定版

扶桑社

1. (前ページ)新型ドロイドBB-8。新たなキャラ、新たなメカ、新たな時代で幕を開ける新生スター・ウォーズを象徴する存在だ。
[LINK ▶ P72]

2. 愛用のスピーダーに乗るレイ。「ジェダイの帰還」以後30年も内戦状態の銀河にはデザインもへったくれもないのである。
[LINK ▶ P66]

3. ジャクーへ墜落したTIEファイターから脱出したフィン。
[LINK ▶ P64]

2

3

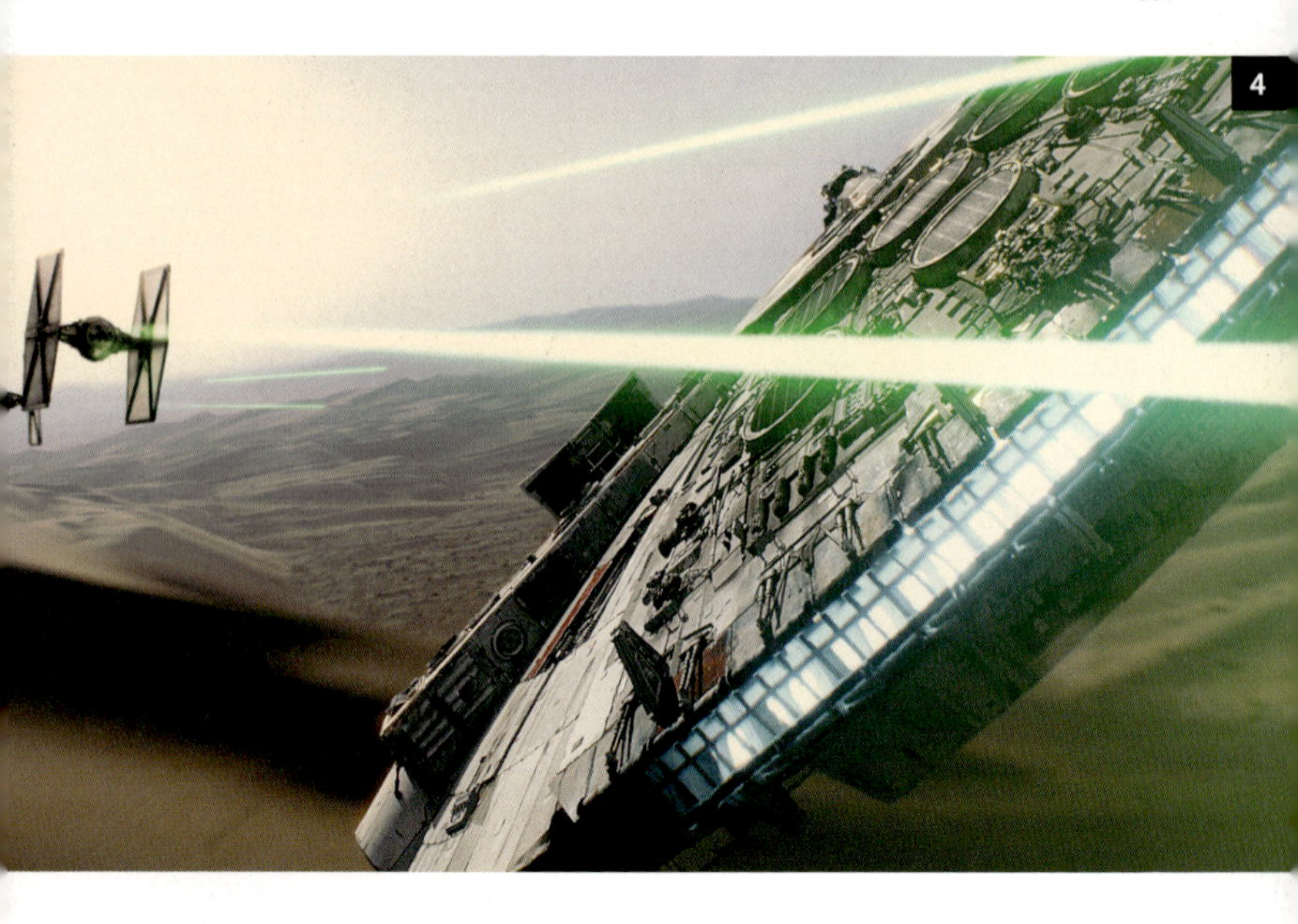

4. ジャクーでTIEファイターと戦うミレニアム・ファルコン。操縦するのはレイだ。
[LINK ▶ P46]

5. セレブレーション恒例のキャラクターコスプレ集合写真。これは「レベル・リージョン」のもの。2015年4月の時点で、早くもファンメイドのBB-8がいる。
[LINK ▶ P104]

6.「スター・ウォーズ・セレブレーション」にて。新主役トリオ、ジョン・ボイエガ、デイジー・リドリー、オスカー・アイザック。そして、おなじみR2-D2と、新登場のBB-8。
[LINK ▶ P62～ 新作における12のメインキャラクター]

7. 新たに登場する十字のライトセーバーを構えるカイロ・レン。[LINK ▶ P70]

7

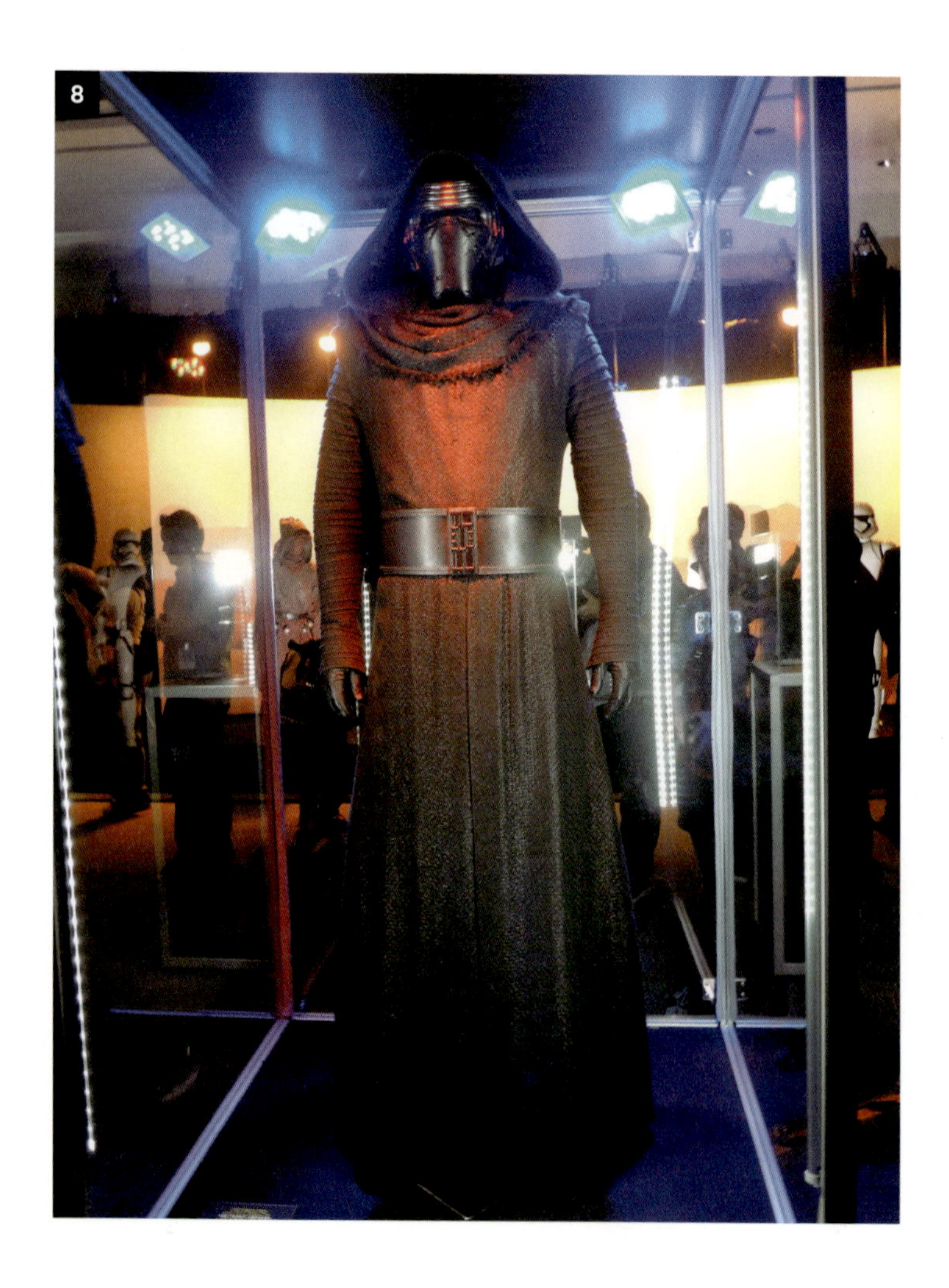

8. 今回の悪役カイロ・レンのコスチューム。戦士というよりも僧侶の衣装に近い印象だ。[LINK ▶ P70]
9. 初登場となる「ブラックXウィングファイター」とブラック中隊長のポー・ダメロン。[LINK ▶ P62]

蔦屋書店
TSUTAYA BOOKS

10. 嵐の前の静けさ、といったところ。

11. 2015年9月4日、全世界同時開催「フォース・フライデー」盛り上げのため、代官山蔦屋書店に集結した「501st日本部隊」の面々。
［LINK ▶ P106］

12. 「フォース・フライデー」直前に蔦屋書店で雑誌を眺めるジャンゴ・フェット。
［LINK ▶ P97］

13. ブラスターを手に店内警備?

14

15
ROXY

16
RWARSCELEBRATION.COM

のカラーリングから映画の冒頭に登場するタイプと思われる。
[LINK ▶ P63]

15. 「ジェダイの帰還」のセットを再現したフォトスペースに世界中のバイカー・スカウトが大集結。これだけ集まればイウォークも怖くない?
[LINK ▶ P107]

16. 今や女性トルーパーは珍しくなくなったが、こちらはすでに新型のコスチュームを着用した2人。マスクは不要ですね。セレブレーションにて。
[LINK ▶ P104]

17. ティードからBB-8を解放するレイ。この出会いが彼女の運命を大きく変えるのだった。
[LINK ▶ P67]

17

18. レイのコスチューム。砂ぼこりをよけるために顔全体を覆った形状になっている。
[LINK ▶ P66]

19. 「D23エキスポ」に集合した、監督ほか主要キャスト。左からハリソン・フォード(ハン・ソロ)、デイジー・リドリー(レイ)、ボブ・アイガー(ウォルト・ディズニー・カンパニー会長)、J.J.エイブラムス監督、ジョン・ボイエガ(フィン)、ルピタ・ニョンゴ(マズ・カナタ)、オスカー・アイザック(ポー・ダメロン)。
[LINK ▶ P84〜キャスティング・フィーバー]
Photo by Getty Images

20. METのガラパーティに、ロダルテのデス・スター・ドレスで現れた女優のキルステン・ダンスト。
[LINK ▶ P128]
Photo by Getty Images

18

19

20

21. 特製コスチュームを着たケイティ・ゴールドマンちゃんと、「501stミッドウエスト部隊」の女性メンバー。
[LINK ▶ P132]

22. マスクをかぶってダース・ベイダーとポーズをキメるケイティちゃん。

23. セレブレーションで展示されたマスクやブラスターの数々。これらもファンメイドだ。
[LINK ▶ P104]

24. 全日空が国際線に投入した「R2-D2ジェット」。外見のみならず、機内の照明など様々なところにスター・ウォーズへのこだわりがある。

22

24

23

25

25. 第1作の有名な写真。38年後の最新作「フォースの覚醒」でもハンとチューイは同じ並びで登場し、ファンの涙を誘う。
Photo by Getty Images

スター・ウォーズに関わる

すべてのスタッフ、キャスト、そしてファンが

フォースと共にあらんことを

河原一久

はじめに

2012年4月5日。日比谷の帝国ホテルで、古澤利夫さんの出版記念パーティが開かれた。古澤さんは、長年20世紀フォックスで宣伝部長を務めてきた名物宣伝マンで、世界でただ1人、スター・ウォーズ全6作品の宣伝を担当した人物でもある。そんな古澤さんが自身の宣伝マンとしての思い出話や逸話をまとめたのが『明日に向って撃て!――ハリウッドが認めた!~ぼくは日本一の洋画宣伝マン』(文春文庫)という本だ。なぜ名作「明日に向って撃て!」が本のタイトルになっているかというと、この邦題を考えたのが古澤さん自身で、同作が古澤さんにとって特別な作品でもあるからだ。

パーティの席上、世界じゅうの映画人から届いた祝福のビデオメッセージが上映された。当然、ジョージ・ルーカスからのメッセージもあった。そしてそのメッセージの最後にルーカスはこんなことを言っていた。

「次の『スター・ウォーズ』があるならまたご一緒に！」

次のスター・ウォーズ？ いったいルーカスは何を言っているんだ？ と、私は首を捻った。ここで電撃のように閃いて「そうか！ 新作を作るんだな！」となればたいしたものだが、残念ながら私は凡人だった。だからこの時は「ははぁ、相変わらずルーカスのジョークはわかりにくいし面白くないな」などと思ってしまった。後日、古澤さんにこのメッセージを聞いた時の印象を伺ったら、ちゃんと「お、次に向けて動き出すんだな」と思ったんだそうだ。

このパーティから約６か月後の10月30日、ディズニーはルーカスフィルムを買収し、「次のスター・ウォーズ」を作ると発表したのだった。

この日は朝からあらゆるメディアで「３年後に新しいスター・ウォーズ公開！」というニュースを報じていたが、そんな混乱の最中、私の携帯が鳴った。著述家・編集者の石黒謙吾さんからだった。石黒さんは、エピソード１公開前から現在まで、スター・ウォーズに関する僕の著書３冊と共著３冊を、プロデュース・編集している。

「3年後、映画の公開に合わせてまた本を出しませんか?」

という電話だった。なんという気の早さ!(笑)

しかしこの石黒さんの嗅覚と行動力のおかげで「本当にスター・ウォーズが再始動するんだな」と実感できたのだった。

あれから3年……。

アナウンスされた「エピソード7」には「フォースの覚醒」というタイトルが付き、公開を前にしてまったく予想通りなのだが、世界じゅうがお祭り騒ぎだ。

すでにそのお祭り気分に、居ても立ってもいられない人もいるだろう。また、これまで縁がなかったけど、このお祭り騒ぎをきっかけにスター・ウォーズに関心を持ち始めた人もいるだろう。

本書はそういった人のためのものである。

この2020年までとりあえず続く予定の新しい「スター・ウォーズ祭り」を楽しむうえで、何らかの形で貢献できれば幸いに思う。

河原一久

CONTENTS

目次

第3章―新作における12のメインキャラクター解説―061

CONTENTS

特別章―過去6作品ストーリー解説―153

本来、〈2章〉に入るべき内容ですが、詳しく記しておきたいため、あえて巻末に持ってきてあります。過去作品を把握してから読み進めたい場合は、ここから読むことをお薦めします。

CHAPTER

1

STAR WARS: THE FORCE AWAKENS
THE LAST CHRESTOMATHY FOR PREPARATION AND REVIEW

第1章

今から始めるスター・ウォーズ

スター・ウォーズ 新時代の幕開け

2015年に入って、「さっぽろ雪まつり」に始まり、「田んぼアート」、そして「ねぶた祭り」、「鳥取砂丘の砂像」に至るまで、とにかくスター・ウォーズと日本文化の融合を実現したイベントが目白押しだった。これはもちろん12月18日に世界同時公開される新作「フォースの覚醒」のプロモーションの一環なのだが、10年前の「エピソード3 シスの復讐」の時でさえ、ここまで大掛かりな展開ではなかった。その背景には、これまでジョージ・ルーカス率いるルーカスフィルムの自社製作だったスター・ウォーズが、今回からはウォルト・ディズニー・カンパニーという大資本の下で製作されることが最大の要因としてある。

ただでさえ、

「公開1か月前から劇場前に行列ができる」
「公開日には会社をずる休みして観る人が続出」
「そのため公開日を臨時休業にする企業も続出」
「エピソード1のグッズ発売解禁日にはレオナルド・ディカプリオが行列に並んで買いあさった」
「劇場の行列にはイライジャ・ウッドがファンとして並んでいた」

などなど、これまでにも多くの現象、逸話を残してきたスター・ウォーズだ。その注目度は他の映画の比ではない。最新作として「エピソード7」の製作が発表されるや、ハリウッドじゅうの役者たちの間で「出る? 出たい?」といった話題が盛んになったりもした。

日本では、六本木ヒルズを皮切りに「スター・ウォーズ展」が開催されたが、熱狂的なファンだけでなく、多くの「女性ファン」が1人で、あるいはグループで足を運んでいた。これも、第1作の公開から38年を経たこのシリーズが、日本でも文化的浸透が進んだ証し。その中でも、これまで目立たなかった女性層への浸透ぶりが一気に表面化してきたことの表れなのではないかとも思う。

さて、いずれにせよ、「スター・ウォーズ」は映画作品であり娯楽作品だ。だから、いくらその時代その時代でブームを巻き起こしてきたとはいえ、その渦中にいなかった人のほうが相対的には多いはず。

そのため、毎回新シリーズが始まる際には、「スター・ウォーズ、これまで観たことないんだけど、どうなのさ?」という人がわんさと出てくる。そして身近にいる「スター・ウォーズ好きの人」に尋ねてみると、いろいろと講釈される……というのも毎回恒例の光景ではある。

本書はそういった「初めてスター・ウォーズを観てみよう」という人のための本である。もちろん、これまでずっとファンだった人も楽しめるようにも書いているので、公開前あるいは公開後に、映画と共にスター・ウォーズというコンテンツが持つ広大な宇宙を楽しんでもらう一助になれば幸いである。

さて、そんなスター・ウォーズも、前述したとおりディズニー資本となっただけでなく、多くの変化があった。

まずは、2012年6月、スター・ウォーズの生みの親ジョージ・ルーカスが引退を表明し、ルーカスフィルムを長年の友人でもあるキャスリーン・ケネディに託すことを発表した。ケネディは大学時代にスティーブン・スピルバーグの「未知との遭遇」を観て感激し、興奮のあまりスピルバーグのもとへ馳せ参じて押しかけ秘書になったものの、珈琲の淹れ方もろくに知らないありさま。秘書としては落第だったので、プロデューサーの補佐をやらせてみたところ非凡な才能を持っていて、以後はプロデューサーとして知られるようになったという変わった来歴の持ち主だ。

デビュー作は「E.T.」で、共同プロデューサーとして長年コンビを組んでいたフランク・マーシャルとはのちに結婚している。ルーカスは取締役会長としての立場は残していたが、事実上はケネディに引き継ぐ形となっていた。

そして同年10月末にルーカスは会社をディズニーに売却。ILMやスカイウォーカーサウンド、THX社など、傘下の企業もすべて込み。しかもスター・ウォーズやインディ・ジョーンズの続編製作の権利も含めてすべてを売却した。買収額は約4000億円で、ルーカスは全額子供のための福祉財団に寄付している。

その後は急ピッチで新作の製作体制を整えることになったが、脚本を「トイ・ストーリー3」のマイケル・アーントが執筆し、「帝国の逆襲」や「ジェダイの帰還」で脚本を担当したローレンス・カスダンがそれを監修しつつ、公表されたスピンオフ映画の脚本も手がけることになった。

肝心の監督は、紆余曲折を経て「ミッション：インポッシブル3」や「スター・トレック」で成功を収めているJ．J．エイブラムスが就任することになり、彼は同時に今後のスター・ウォーズ全体の総指揮的な役割も行うことになった。

音楽はこれまで同様、ジョン・ウィリアムズが担当し、ポスターデザインも毎度おなじみのドリュー・ストルーザンが引退を撤回して手がけることに。

スター・ウォーズといえば、ハリウッドのみならず世界の映画産業に革命をもたらした技術革新を毎回行ってきた作品で、特に映画のデジタル化はその先駆者だった。今やどこの劇場でもデジタル上映が行われているが、それもみなスター・ウォーズが牽引力となって業界をリードしてきたのだった。

そんな流れに逆行するようだが、今度の最新作「フォースの覚醒」はデジタルではなくフィルムで撮影されている。これはフィルムの質感にこだわる監督J．Jの意向なのだが、今やフィルムのほうが高価なため、大資本のディズニー製作という環境がなければこんな贅沢は許されないだろう。

また、CGも極力排除して可能な限りセットを組んで撮影するというのも監督のこだわりだ。宇宙の場面や戦闘シーンなどは、今やCG抜きでの映画は作れないし、いちいちセットを組んでいてもこれまた無用に予算を使うことになるのだが、そこにはいろいろな計算もあってなかなか興味深いところでもある。

いずれにせよ、新たな時代を迎えるスター・ウォーズは、それ自体が業界の最先端を行く最強コンテンツであり続けてきただけに、今後もそのポジションを維持しつつ、またもや映画産業自体の新たな時代を開き、そして新たなファンを獲得していくことになるのである。

過去作で予習はするべきなのか？

10年ぶりとなるスター・ウォーズの新作「フォースの覚醒」の公開を前に、ファンやメディアは大騒ぎになっているが、これまでスター・ウォーズを観たことがない人にとっては、「興味はないわけではないけど、いろいろ事前に知っておかなければならないんじゃないか？」という懸念があると思う。たとえば、「過去の6作を観て勉強しておくべき？」といった心配だ。先に答えを言ってしまおう。

特に無理して観なくてもいいです。

この手の映画を作る者なら真っ先に考えるのが、「シリーズに初めて触れる人も十分に楽しめるものを作ろう」ということだ。だから、今回公開される「フォースの覚醒」が「初めてのスター・ウォーズ」になっても、なんら問題ないように製作者たちは気を付けて作っているし、そうでなければそもそも「スター・ウォーズの最新作」としての資格がないのだ。

この「以前の作品を観ておいたほうがいいのか？」という疑問は、1980年にシリーズ第2作である「帝国の逆襲」が公開された時から延々とくり返されてきた問題だ。しかし、この頃にはまだホームビデオという文化そのものがなく、だから大衆は否応なしに新作を予備知識なしに観るしかなかった。

1983年に第3作「ジェダイの帰還」が公開された時でも、ようやくビデオレンタル店が出現し始めた頃で、誰もが気軽にビデオで予習できるような環境ではなかったため、過去作を観ていなかったほとんどの人は、劇場での新作鑑賞が「初めてのスター・ウォーズ」となったわけだ。

この状況が劇的に変化したのは1999年に「エピソード1 ファントム・メナス」が公開された時で、「予習しておいたほうがいいのか？」問題が現実的に論じられた。とはいえ、この時点での過去作はエピソード4、5、6しかなかったので、合計約6時間強で予習を終えることができたのだが、そんなことはおかまいなしに「ファントム・メナス」を「初めてのスター・ウォーズ」にする人も多かった。

結局、この「新作鑑賞前に予習しておくべきなのか?」という問題はいつの時代にも存在していたが、積極的な興味を持っている人以外はほとんどが「とりあえず新作を劇場で観てから……」という選択をしていた。その後、シリーズにハマって熱狂的なファンになった人も多い。つまり、いろいろ悩んでいても時間の無駄なので、「新作を観て気に入ったら過去作も観てみる」というのが最も簡単な道なのである。

「そうは言っても、やっぱり過去作を観ておいたほうが深く楽しめるんじゃないの?」と問われれば、もちろんその通りと答えるしかない。

しかしこれはスター・ウォーズに限らず、あらゆる事象に言えることだ。どこかに旅行に行くにしても、事前に目的地の歴史や観光名所、名物グルメとそのお店などの情報がインプットされていれば、その旅はより充実したものになるだろうし、歌舞伎やオペラといった古典芸能に接する際にも、作品の解説や時代背景などを知っていたほうがより楽しめるものだ。

だがこういった「予習」はやはり労力が必要だし、そもそも「予習」という行為そのものが、勤勉な人はともかく苦手と感じる人が多い行動だと思う。それゆえ、「興味はあるけど、いろいろ勉強しないとわからないみたいなので手が出せないでいるんだよね」という人も多いはずだ。だからこれから述べる「どれから予習を始めればいいのか？」という行為は、予習という労力に抵抗を感じない人にだけ勧めるものだ。少しでも「面倒だな」という方は劇場で素直に最新作をご覧になればそれで十分だと思う。

というわけで「どれから観るか？」という話になるのだが、ここで、そもそものシリーズ概要を簡単に振り返っておこう。ただしネタバレもあり。

【第1作】（エピソード4）
「新たなる希望」１９７７年公開（日本では78年）
記念すべき第1作にして第4話。最もシンプルで話の規模も手ごろで冒険もふんだんにある、という理由で製作された。ＳＦ映画だけでなく、映画業界を根本から変えてしまった作品だ。

【第2作】（エピソード5）
「帝国の逆襲」１９８０年公開
シリーズの生みの親ジョージ・ルーカスは、スター・ウォーズの製作があまりにも多岐にわたってケアが必要な作品だったため、本作から製作総指揮に回り、監督を大学時代の恩師アーヴィン・カーシュナーに任せて完成させた。

ジェダイマスターのヨーダが初登場した作品。タイトル通り、帝国の〝逆襲ぶり〟が前面に押し出されたストーリーで、主人公のルークもダース・ベイダーに右腕を切り落とされたうえに「私がお前の父だ」というショッキングな告白をされて打ちのめされたまま「つづく」となって終わってしまう衝撃作。本作の成功によって「話の途中で終わってしまう映画」が増えることとなった。

【第3作】(エピソード6)
「ジェダイの帰還」(公開時の作品名は「ジェダイの復讐」)1983年公開

いわゆるクラシック3部作の完結編。前作でカーボン冷凍されて連れ去られてしまったハン・ソロを救い出すオープニングから、第2デス・スター建造の指揮を執るため現場に出てきた皇帝を、デス・スターごと吹き飛ばして勝ってしまおうとする反乱軍が、めでたくそれに成功するという話。いったんはピンチになるが、途中、友だちになったイウォーク族という小熊たちの助けで本願成就する。

【第4作】(エピソード1)
「ファントム・メナス」1999年公開

前作から16年ぶりに製作されたのが第1話。「ジェダイの帰還」の完成後、「次に作るのは第1話」と語っていたルーカスが、16年も間を空けた理由は「特殊視覚効果の技術が追い付いていなかったから」というものだったが、「ジュラシック・パーク」の成功によってCG技術が劇場映画にも通用するほど発展したことが明らかになり再スタートを切った次第。
ルーカス自身も第1作以来久々に監督に復帰した。先の3部作とは異なり、銀河共和国における陰謀や策略がメインとなるストーリーで、登場するメカなども時代をさかのぼった設定なため流麗なデザインが多く、それゆえ古いファンから反感を買った。間抜けでうるさいジャー・ジャー・ビンクスというキャラクターのうざさも評判が悪い一因となった。

【第5作】（エピソード2）
「クローンの攻撃」2002年公開
エピソード4〜6の3部作で人気だった〝やられキャラ〟ストームトルーパーの原点となるクローン兵がいかにして誕生したかが描かれ、同時に銀河共和国崩壊へとつながる「クローン大戦」がいかに勃発したのかが明らかになる。また、青年へと成長したアナキン・スカイウォーカーが10年ぶりに再会したパドメにメロメロになり、多少は恥じらいながらも猛烈に告白して、ついには極秘結婚にまでこぎつける様が描かれている。
この「ラブストーリー展開」に特化した予告編が公開されると、冒険活劇を期待していた劇場興行主たちが慌てまくって「ちゃんとスター・ウォーズらしいアクション、ありますよね？」と配給会社に確認したという恋愛（と冒険）編。

【第6作】（エピソード3）
「シスの復讐」2005年公開
「ファントム・メナス」に始まる「プリークェル（前編）3部作」の完結編。アナキン・スカイウォーカーがついにダース・ベイダーとなる瞬間が描かれる。同時にジェダイ騎士団の崩壊、共和国の崩壊、帝国の誕生、ルークとレイアの誕生、といったイベントが矢継ぎ早に展開してシリーズ第1作「新たなる希望」につながっていくという忙しいエピソードだが、さしたる破綻もなく堅実にまとめ上がっているのは、やはり創造主ルーカス自身が手掛けたことが大きいと思う。

予習するならどこから観るべきか？

以上が28年間で作られた6作品だ。この6作品が、製作時期とエピソード番号によって2つに分けられている。
エピソード1「ファントム・メナス」
エピソード2「クローンの攻撃」

エピソード3「シスの復讐」

この3本が「プリークェル・トリロジー」（前3部作）と呼ばれている。主人公はアナキン・スカイウォーカーだ。

エピソード4「新たなる希望」
エピソード5「帝国の逆襲」
エピソード6「ジェダイの帰還」

この3本は、最初に作られたという点から「クラシック・トリロジー」（旧3部作）と呼ばれている。こちらの主人公はアナキンの息子、ルーク・スカイウォーカーだ。

それぞれの3部作は独立して観ることもできるが、6本を1つの物語として捉えると、数十年にわたる「アナキン・スカイウォーカーの転落と再生」の物語が見えてくる。そう、スター・ウォーズは大河ドラマでもあるのだ。

さて、問題はこれを「どういう順番で観るか？」だが、世界じゅうのファンたちが様々な方法を提案しているので、それを紹介しようと思う。

1：製作順

おそらく最も多くのファンが勧めているのがこの順番だ。映画が製作された順番通りに観る。つまりこう。

［4→5→6→1→2→3］

これならリアルタイムで観てきたファンたちと同じ感覚を味わうことができるし、そもそもこれまでほとんどの人がこの順番で観てきたのだから、これしかないでしょう？ というものだ。

2：番号順

そのものズバリだ。

［1→2→3→4→5→6］

せっかくエピソード番号があって、しかもその順番に観ることができるのだから、そもそものの始まりから素直に観てみるのがいいのでは？ というものだ。私自身も10年前はこの順番を支持していた。これならば古いファンたちには想像もできない感覚でシリーズ全体を味わうことができるし、今後はそういう人のほうが増えていくだろうと考えたからだ。

「支持していた」と書いたが、今は否定的になったというわけではなく、正直な話どうでもいいと思っている次第だ。こういうのはあまり周囲が「ああだこうだ」と押し付けてしまうと逆効果になりかねないから。

3：フラッシュバック

これはある程度製作順に観ておいて、途中からフラッシュバック的にプリークェル3部作に飛び、最後に完結編を観るというものだ。

［4→5→1→2→3→6］

というわけ。「帝国の逆襲」の圧倒的な暗い展開と「これからどうなっちゃうんだろう？」という気分を残したまま、「そもそもルークの父親が辿った道は……」というくだりを長いフラッシュバックとして観る。そのあとに「ジェダイの帰還」を「最後のデザート」的に観よう、というもので、なかなか興味深い。

4：マチェーテ版

前述のフラッシュバックの変形。ダニー・トレホ主演の映画とは関係なく、マチェーテ（山刀）でぶった切ったような見方を勧めるものだ。具体的にはこう。

［4→5→2→3→6］

といった具合に「エピソード1」がぶった切られた5本だけ。これは根強い「エピソード1」への嫌悪によって考え出された方法で、これならジャー・ジャー・ビンクスもほとんど観ることもなく過ごせるし、全体的にもあまり影響がないはずだ、という理屈である。これもまたある意味興味深い視点。

いずれにせよ、ここで紹介した「観る順番」はどれもが「すでに全作を観たことがあるファン」による提案であり、各々、初めて観る人のことを思っての提案ではあるのだが、結局のところ、「自分が同じ立場だったらそうする」という、あくまでも「自分個人の感覚」でのそれでしかない。

だから、これらの観方が本当に自分に合ったものなのかは誰にも判断がつかないと思うのだ。結局、自らの感覚に従い、自分の判断で「観る」、もしくは「あとで観る」ことを決めるのがいいと思う。２０１５年６月からは、過去６作品のデジタル配信が始まっているが、ダウンロード数が最も多いのは「エピソード１」なのだそうだ。やはり単純に「第１話から」と考える人が多いのかもしれない。

「エピソード１から観てつまらないと感じて、そのあとを観なくなったらもったいない」と考える古いファンもいるだろうが、「エピソード１」を観てスター・ウォーズにハマった世代もいるので、こうした意見も絶対的とは言えないと思う。次いでダウンロード数が多いのは「エピソード４」なので、初めて観る人の中でも、「製作順」と「番号順」が競り合っていると思われる。これはこれで面白いデータである。

CHAPTER

2

STAR WARS: THE FORCE AWAKENS
THE LAST CHRESTOMATHY FOR PREPARATION AND REVIEW

第2章

「フォースの覚醒」鑑賞前に知っておくべき10の事柄

「フォースの覚醒」は、エピソード6「ジェダイの帰還」のおよそ30年後の物語だという。エピソード3と4の間は約20年の歳月が経過していて、世の中は銀河帝国が完全に支配しており、民衆は圧政に苦しめられている、といった具合にかなり変化していた。当然、「フォースの覚醒」の世界はもっと変化しているはずだ。というわけで、現在、わかっている範囲で「30年間の変化」を中心に、独断的見解による「知っておくべきこと」を列挙してみよう。

1：銀河帝国はファースト・オーダーに

「ジェダイの帰還」での「エンドアの戦い」に敗れた帝国軍は、その後の「ジャクーの戦い」における壊滅的敗北を経て、完全にかつての勢いをなくしてしまう。そんな帝国軍の残党の中で、右翼的思想の持ち主たちが結束して新たにスタートした団体が「ファースト・オーダー」だ。帝国時代には「人間至上主義」だった帝国軍だが、ファースト・オーダーではその最高指導者スノーク自身がエイリアン種であるという噂もあり、民族主義的な主張は弱まっている可能性もある。とにかく「かつての栄光」を、フォースの暗黒面と恐怖で取り戻そうとしているようだ。

2：反乱同盟軍はレジスタンスに

帝国軍がファースト・オーダーに変わったように、反乱同盟軍も「レジスタンス」と名を改めている。まあ、反乱の対象であった帝国が崩壊したため、反乱軍のままだと「誰に対して反乱？」ということになってしまうため、「抵抗勢力（レジスタンス）」と名乗ることになったんだと思う。反乱同盟軍はモン・モスマがリーダーとして率いていたが、レジスタンスでは将軍となったレイアが指揮を執っている。

3：新共和国はまだ完全に樹立できず

「ジェダイの帰還」の公開後に出版された小説群では、帝国の崩壊後、しばらくして新共和国が再建されていたが、こうした、映画本編とは異なる小説、コミック、ゲームといった一連のスピンオフ作品は一律に「今後はレジェンドという扱いで、映画とは直接関わらないものとする」と決められてしまったため、ある意味「なかったこと」にされている。しかし、リセットされた正史においても、新共和国は一応はモン・モスマらによって再建されているそうで、帝国の残党もまだ強固に存在しているため銀河系全体で内戦が続いているとのことだ。まあ、スター・「ウォーズ」なのだから、平和になってしまっていたらあまり面白くないので、これは適切な判断だと思う。

4：新時代のミレニアム・ファルコン

クラシック3部作では円形だったアンテナが四角になった。まあ、「ジェダイの帰還」のクライマックスでアンテナがもげてしまっていたから当然といえば当然の変化なんだけど、たったこれだけで「新しい時代のミレニアム・ファルコン」を主張できてしまうのだから恐れ入る。それだけ、オリジナルのファルコンが持つビジュアルイメージが強烈だったということでもあるのだろう（P４参照）。

5：ハンとレイアは結婚したのか？

「ジェダイの帰還」のラストでめでたく成就したかに見えたハンとレイアのロマンス。小説ではその後、ジェイナ・ソロとジェイセン・ソロという双子の姉弟を授かることになるが、こうしたスピンオフの設定は破棄されてしまったため、彼らの「その後」も白紙状態と言っていい。で、スピンオフ破棄宣言後に新たにリリースされる小説やコミックなどは正式に「正史」として組み込まれることになったため、気にするならばそちらをという状況に。

そして早くも「気になる情報」がコミックから飛び出してきた。ディズニー体制になってから、スター・ウォーズのコミックは同じ傘下のマーベルコミックから出版されることになり、マーベル版『スター・ウォーズ』も早々とスタートしている。

その第6号はエピソード4と5の間の話なのだが、そこになんと「ハン・ソロの妻」が登場している。借金を返せなかったハンが、仕方なく組織のボスの娘と結婚した、という話なんだそうだが、「私は彼の妻よ」とレイアとハンの前に姿を現すだけに昼メロのような修羅場がありそうな話ではある。もしかしたらこの新たに挿入されたエピソードがハンとレイアのロマンスの引き金になって、「帝国の逆襲」でのハンの強引なアプローチにつながるようにしているのかもしれない。

さて、いずれにせよ今回の「フォースの覚醒」の時点で、ハンとレイアは結婚していることはなさそうで、それどころかかなりの長い間疎遠になっていたようなのだ。その理由は今のところ定かではないが、結果的に「フォースの覚醒」では、ハンとレイアは「久しぶりの再会」ということになるらしい。

6：ハンとレイアに子供はいるのか？

もちろんいるだろう。これは単純な消去法でわかることだ。まずスター・ウォーズは「スカイウォーカーの血を引く人物の物語である」ということ。次にこれから公開される3部作は「ルークやレイアの子供世代の物語である」ということが明言されている。で、「ジェダイの帰還」のラストでカップルとなっていたのはハンとレイアで、ルークには結局、何のロマンスもないまま物語は終わってしまっていた。もちろん、その後の30年間でルークが誰かしらと出会い、恋に落ち、結婚して子供をもうけた、なんてことも設定は可能だ。詳しくは次項で述べる。

レジェンド扱いとなったスピンオフでは、紆余曲折を経てルークがフォースの使い手マラ・ジェイドと結婚することになっていたが、前述したように設定は破棄されてしまっているため、この設定が生き残ったとは考えにくい。というわけで、順当に考えるとハンとレイアには子供がいるのは確実なところということになる。前項で言及した状況を考えるとレイアは「未婚の母」なのかもしれない。

7：ルークは相変わらず孤独なのか？

「フォースの覚醒」の時点では孤独である可能性が高いが、そこに至るまでの30年間に何があったのかは不明だ。「ジェダイの帰還」で皇帝とベイダーが死去したため、銀河における主なフォースの使い手はルークただ1人になった。流出した情報やファンの分析などを基に推測してみると……。

その後ルークは、ジェダイ騎士団復活のために有望な子供を集めて学校のようなものを設立するのだが、この時にフォースセンシティブな1人の女性と出会い、恋に落ちている可能性がある。そしてその女性との間には子供が生まれているかもしれない。

ルークの学校はその後、邪悪な集団に襲撃されて候補生たちは全滅させられてしまうらしい。この時に妻となった女性は殺されるか、もしくは行方不明になり、子供もまたルークとは引き離されてしまうことになる。その結果を重く受け止めたルークは、ダークサイドを信奉する勢力の再興に備えて身を隠すことになる。

この場合、ルークの「失われた子供」という設定が本当にあるとしたら、おそらくそれはレイになるだろう。スカイウォーカー家直系の子孫のほうが新たな3部作としては収まりもいいからだ。そして、物語テーマの1つは「ルーク・スカイウォーカーの探索」になりそうだ。ハンやレイアでさえも彼の行方を知らない。そんな中、ファースト・オーダーの動きが活発化して、ルークの助けが必要となってきた。そこで彼を探す手がかりとして「帝国の逆襲」で紛失したライトセーバーが重要な手掛かりとなる……といった背景があるらしいのだ。だから、ルークのファンには残念なことだが、「フォースの覚醒」にルークが登場するのはごくわずかの場面となるだろうし、おそらくそれは映画のラストシーンということになると思う。

8：ルークのライトセーバーはどこに？

「帝国の逆襲」のクライマックスでダース・ベイダーと対決したルークは、激闘の末、右腕を切り落とされてしまう。この時、切断された右腕と共に彼のライトセーバーも転落していってしまうのだが、そのライトセーバーはその後どうなったのだろう？

この時、激闘が行われたクラウドシティは帝国軍の制圧下にあった。ベイダーはルークたちを追ってすぐにシャトルで、スーパー・スター・デストロイヤーへと向かってしまうが、制圧した帝国軍自体が去ったわけではなかった。というわけで、落ちていった右腕はともかく、ライトセーバーは「こんなの落ちてました」というテイで責任者に届けられたはずだ。

この頃、ライトセーバーを使う者は帝国軍にはベイダーしかいなかった。皇帝であるダース・シディアスは「シスの復讐」での戦いぶりからもわかるように、ライトセーバーよりもフォースライトニングと呼ばれる電撃を発射するほうが得意のようだし、実際、そっちのほうが強かった。だから、拾得物として届けられたライトセーバーは、引き取り手のないまま帝国のどこかの部署が保管し続けていたんだと思う。とはいえ、わざわざ首都のコルサントにまで届けるほどのこともないだろうから、スター・デストロイヤーなど戦艦のどれか、そしてそのどこかの保管庫にでも安置されていたのだろう。

そして「ジェダイの帰還」で帝国は崩壊することになるのだけど、決定的に帝国が滅びることになるのは、その約1年後に勃発した「ジャクーの戦い」でのことだ。ここで反乱軍、帝国軍、共に総力戦となって死闘を繰り広げたのだそうだが、総力戦だけに、くだんのライトセーバーを保管している戦艦も出撃していたはずだ。そしてあえなく撃沈。結果、ライトセーバーはジャクー近くの宇宙空間、おそらくはその軌道上を長年にわたってさまよい続けることになったのだと思う。そのまま約30年が経ち、最終的にライトセーバーは地表へと落ちていくのではないか?

オープニングのクロールが終わったあと、この「宇宙に漂うライトセーバー」が映し出され、地表へと落ちていくところから映画が始まるとも噂されているが、本当ならば斬新な演出だ。しかし実際にはこの「ライトセーバーが重要な要素」であることが伏せられている可能性が高いため、単純に「ジャクーにXウィングが到着する」というような描写になるのではないかと思う。

9：ライトセーバーの設定

ライトセーバーは、ジェダイ騎士が使う代表的な武器として知られているが、取り扱うことはジェダイでなくともできるし、フォースが強い必要もない。「帝国の逆襲」の前半で、凍死しかけたルークを助けるために、ハン・ソロはルークのライトセーバーを使ってトーントーンの腹を裂き、その中にルークを押し込んで暖を取らせた。

この事実から「ライトセーバー＝ジェダイしか扱えない武器」という観客の思い込みは一蹴されたわけだが、「ライトセーバーを作る」ということはフォースの使い手でないとできない作業だ。ジェダイやシスはその代表的な存在だが、それぞれの組織に属していなくてもライトセーバーを作ることはできるし、たとえばジェダイの場合、「ジェダイの騎士」として認定を受けたりしなくても作ることは可能だ。

「ジェダイの帰還」でルークはそれまでに使っていた父のライトセーバーをなくしてしまっていたため、自分用の緑色の刃を持つライトセーバーを自作している。にもかかわらず、ヨーダからは「まだお前はジェダイではない」と言われてしまっている。要するにライトセーバーを製作するには、

1：ある程度のフォースを扱うスキルが必要

2：フォースを使いながら組み立てる方法に関する知識が必要
3：セーバーの核となるクリスタルが必要
という3つの要件が必要とされるだけで、これさえ満たせば理屈のうえでは「誰でも作ることができる」。しかし、実際にはフォースを操ることができるのはジェダイやシスがほとんどだし、作り方を知っているのも彼らだ。まあ、何らかの方法で作り方を知った者が、見よう見まねで作るということも可能だが、それは例外的なことと言っていいだろう。

と書いておいてなんだが、その例外的なことが「フォースの覚醒」ではさっそく起きている。カイロ・レンが使う十字型のライトセーバーがそれだ。「ジェダイの帰還」で、シスは師匠と弟子2人が揃って命を落としている。だからその後、自称する者は別として、シスは存在していないことになる。そして監督のJ.J.エイブラムスはカイロ・レンのライトセーバーについて、「あれは彼が自作したものだ」と明言している。というわけで、カイロ・レンのライトセーバーは「見よう見まねで作ったもの」ということになる。

彼のライトセーバーが初めて映像で披露された予告編で、その赤い光刃が不安定に粗く光っている点について、「いにしえのシスの遺物を発掘したものだ」とか、「いや、よくわからないまま自作したんだろう」といった憶測がファンの間で飛び交ったものだが、結局、後者が正しかったことになる。

余談だが、カイロのライトセーバーの造型に関しては、iPhoneやiPadなどのデザインをアップルで担当するジョナサン・アイブ氏が監督のJ．Jにアドバイスしていたことがわかっている。「精密さを欠いた少しダサい感じのアナログなデザインにしたほうが面白い」という内容だったそうだが、結果から見ると、カイロ・レンのセーバーはまさにそういった「粗削りのダサさ」がプンプンしていて、いかにも「雑に作りました」といった風情である。

さて、シス、もしくはダークサイドのフォースを扱う者が所持するライトセーバーは「赤い光刃」を持つことで知られているが、これは合成された「シス・クリスタル」を使って製作するのだそうだ。一方のジェダイのライトセーバーの場合には、天然素材である「カイバー・クリスタル」が使用されるのだが、その「公式な作り方」の設定があらためて提示されている。2014年から放映が開始されたアニメーションシリーズ「スター・ウォーズ 反乱者たち」の中で、主人公のエズラがライトセーバーを作るために、その素材となるクリスタルを手に入れるための試練を受けるエピソードがあるのだ。

ジェダイとしての訓練を、師である元ジェダイのケイナンから受けてきたエズラは、ケイナンの導きで秘密のジェダイ寺院でテストを受けることになる。そして、そのテストが終了した時、エズラの手にはどこからともなく現れたカイバー・クリスタルが載っていた、という次第だ。

その後エズラは、自分用のライトセーバーを製作することになるのだが、注目すべきは、

「試練をパスしたらクリスタルが手に降りてきた」という点だ。これはクリスタルがありふれた物体ではなくレアな代物で、しかも「テストをパスした者に直接渡されるもの」だというところだ。つまり「自分用のクリスタル」というわけで、そこにはそのクリスタルの所有者となる者の何らかの特性が秘められている可能性があるのだ。

その特性とは何だろう？ 携帯電話のＳＩＭカードとは違うから個人情報が色々と……なんてことはないだろうが、「持ち主に特化したクリスタル」ならば何かありそうなものだ。「フォースの覚醒」では、ファースト・オーダーとレジスタンスは共に「クラウドシティで紛失したルークのセーバー」を追い求めているそうだが、もしかしたらレジスタンスを率いるレイアは、このライトセーバーを手に入れて解析することで、ルークの居所を見つけ出すことができると考えているのかもしれない。

そう考える具体的な情報もなくはないのだが、最もそれらしく思えるのは、そもそも「帝国の逆襲」でルークがダゴバに向かう際、自分のライトセーバーを分解してクリスタルを取り出し、それを分析することでダゴバの座標を知る、といった描写が初期の脚本には含まれていたため、そのアイデアを変形して今回採用したのではないかと推察するのだ。そしてそのためにわざわざ「反乱者たち」であらためてライトセーバーとクリスタルの関係を描いてみせたのではないかと思えるのである。

劇中では、単純に「ルークの居場所を記す地図」として表現されて、それがライトセーバーであることは後半のサプライズにしている可能性もある。

10：「フォースの覚醒」というタイトルが意味するものとは？

「フォース」とはスター・ウォーズ世界における不思議な力で、そのエネルギーは万物に宿るとされている。その細かい設定や能力は様々あるので割愛するが、肝心な点を1つクリアにしておこうと思う。それは「ダークサイドとライトサイドの関係性」である。

ジェダイ騎士団に代表されるフォースの使い手たちは「ライトサイドのフォース」を探究する者たちだ。対する「ダークサイドのフォース」を使うのがシスの暗黒卿たちだ。善と悪、光明面と暗黒面といった2つの側面を、「ヒーローと悪役」という図式で描いているため、多くのファンが、フォースには「ダークサイド」と「ライトサイド」の2種類が存在すると考えがちだ。

だが、フォースはあくまでもフォースでしかなく、2種類が存在するのではなく、「サイド」という言葉からもわかるように「2つの側面」があるだけなのだ。だから光が当たれば影ができるのと同様に、フォースには常にライトサイドとダークサイドが表裏一体となって存在しているわけだ。もちろん、欲望や野心に支配されるダークサイドは表立った形にならないほうが平安だが、人間の本能として様々な欲望が善悪織り交ぜて存在しており、それを意思の力でコントロールすることが「バランスを保つ」ということになる。

知っての通り、第1話「ファントム・メナス」では、「フォースにバランスをもたらす者が現れる」という予言が紹介される。尋常でないフォースの持ち主であるアナキン・スカイウォーカーが、その「予言の子」なのではないかと議論されるわけだが、ジェダイ評議会は明確な結論を出せないまま、アナキンの受け入れを拒否する。最終的に、シスの暗黒卿ダース・モールの手によって命を奪われたクワィ＝ガン・ジンの遺言によってアナキンはジェダイ騎士としてのトレーニングを受けることができるようになったが、それは渋々の決断だった。

第3話「シスの復讐」で、アナキンの行く末を論じる際、メイス・ウィンドゥは「フォースにバランスをもたらす」という予言の意味は、「ダークサイドのフォースを根絶すること」と信じている発言をしているが、ヨーダは「予言を読み違えることもある」として、予言の真意に対して含みを持たせている。しかしヨーダでさえ、結局はそれが「ライトサイドとダークサイドの共生」という意味での「バランス」であったことを最後まで悟ることはなかった。オビ＝ワンに至っては死んだあとでさえ理解できていなかった。

第6話「ジェダイの帰還」で、ルークが最後まで父であるダース・ベイダーに善の心を取り戻させようとしていたのに対し、オビ＝ワンは「では皇帝が勝ったも同然だな」と言っている。最終的には妹を思う気持ちから激怒したルークが、ダークサイドに身を任せながらベイダーを打ち破るものの、その機械でできた右腕を見たことで我に返り、ライトサイドのフォースを信奉するジェダイ騎士団の象徴「ライトセーバー」を投げ捨てる。

そのことにより、結果としてダース・ベイダーの心の奥底に眠っていた善の心を呼び覚ますことになった。ライトサイドへの帰還を果たしたアナキンは、息子を救うために自らダークサイドの権化である皇帝パルパティーンを奈落の底へと突き落とす。かくして銀河を支配していたダークサイドの闇は消え去り、フォースは明暗両面を制御したルーク1人がその使い手として残されたことになる。

この「フォースにバランスがもたらされた状態」は、「フォースが落ち着きを得て静寂が訪れた」とも言い換えることができる。そして、この状態が長年の間続いていたのだが、ついに均衡の崩れる時が来たのである。

そう、フォースが覚醒したのだ。

ジェダイもシスも存在しない時代。そこにフォースの強い生命体が一斉に覚醒した。その彼らが巻き起こす混乱と冒険が、これから始まる新たな3部作なのだ。その中心にはスカイウォーカー家の人々がいることだろう。

しかしその周囲には、今度は無制限にフォースの使い手が現れる可能性が示唆されているのだ。赤いライトセーバーを持った一団と、青や緑のライトセーバーを持った一団による大乱戦……そんな光景が、将来的に観客の前で繰り広げられる可能性だってあるのだ。その状況をもたらした出来事こそが「フォースの覚醒」のはずなのだから。

CHAPTER

3

STAR WARS: THE FORCE AWAKENS
THE LAST CHRESTOMATHY FOR PREPARATION AND REVIEW

第3章

新作における12のメインキャラクター解説

「フォースの覚醒」に登場するキャラクターたちの中には過去の作品に登場してきたおなじみのキャラも含まれているが、その多くはまったく新しいキャラクターたちだ。アナキン、ルークに続く第3の世代となるこれらの新キャラクターは、それでもハンやレイアたちとも密接な関わりを持ってくると見られている。彼らに関する素性は謎に包まれているが、限られた情報などから、わかる範囲で、12のキャラクターについてその真相に迫ろうと思う。

ポー・ダメロン―新時代のエースパイロット

彼のことを説明する前に、彼が映画の冒頭に訪れる惑星ジャクーについて説明しておく。第6話「ジェダイの帰還」で描かれた「エンドアの戦い」の約1年後、無人の荒廃した惑星ジャクーの星域で、帝国軍と反乱軍の最終決戦が行われた。ここで帝国軍は壊滅的な損害を被り、実質的に銀河帝国は崩壊し、その残党たちは「ファースト・オーダー」と名を変えて反乱軍勢力に対抗し、帝国を復活させようと活動を続けていくことになる。

この「ジャクーの戦い」では、帝国軍のスター・デストロイヤーが惑星に不時着し、その乗務員たちは帝国軍の救援を待ったものの、結局誰も助けに来てくれなかったため、不毛な地であるこの惑星に入植者として住むことになった。そうした経緯があったため、彼らは帝国軍勢力には反発しており、反乱軍勢力に協力していくようになったそうだ。

というわけで、この惑星ジャクーにおける文化の歴史は浅く、それゆえ総人口も多くない場所ということになる。「フォースの覚醒」の予告編に登場したスター・デストロイヤーが、問題の「不時着したスター・デストロイヤー」なのである。

このジャクーに住む老人から連絡を受けた反乱軍、現在ではレジスタンスと名を改めた勢力の指導者であるレイア・オーガナ将軍によって派遣されたパイロットが、ポー・ダメロンである。レイアの秘蔵っ子である彼は極秘の任務でこの惑星を訪れ、老人からある品物を受け取るが、その直後に、同じ目的を持ったファースト・オーダーの一隊が、ポーが訪れた集落を襲撃する。

彼は自分のXウィングファイター（P10参照）に搭載されたアストロメクドロイドBB-8の体内にその品物を隠し、BB-8に逃げるよう指示する。その後ポーは、カイロ・レン率いるファースト・オーダーの部隊に拘束され、ジャクーの軌道上にいるスター・デストロイヤーへと連行されていく……。

ポーが乗るXウィングファイターは、インコム社のT70型戦闘機で、クラシック3部作に登場したT65型の進化系である。T65と同様、4基のエンジンを搭載するが、T65が円柱形が4つだったのに対し、T70は半円形が4つとなっており、翼を閉じた状態では2つの円柱が形成される形になっている。この形状のおかげで機体はスリムになった。T65では2枚の羽根が広がる形だったものが、1枚の羽根がセンターで割れてハサミが開くような形状になったこともスリム化に一役買っている。搭載されるアストロメクドロイドはBB-8で、旧式のR2型に比べて小型化されており、機体搭載時も露出が少なく、敵の攻撃の影響を受ける確率が小さくなっている。

ポーを演じるオスカー・アイザックはグアテマラ生まれの役者だが、歌手としても活動している。彼にとっては「フォースの覚醒」が初の主役級の仕事で、このあとは、「Xメン：アポカリプス」でアポカリプス役を演じることが決まっている。

フィン―帝国を憎むストームトルーパー

黒人青年のフィン(P3参照)は、ファースト・オーダーのストームトルーパーだが、その残虐な行為の数々に耐えられず脱走を図り、のちにレイと出会うことでレジスタンスに加わり、正義のために戦うことになる。

彼がなぜファースト・オーダーを裏切るに至ったかは、本稿執筆時点で詳細が明らかになっていないが、一説によると、子供の頃に両親を帝国軍に殺され、自身もまた拉致されて強制的にトルーパーの訓練を受けさせられた、という過去があるらしい。エリート兵士たちの集まりであるはずのトルーパーたちの中にあって、フィンは射撃も下手で、戦闘機の操縦も苦手というか、ほとんど知らないようだ。そのため、ファースト・オーダーから逃げ出す際には、捕虜となっていたポー・ダメロンの助力が必要となり、そのためポーを脱獄させ、2人でTIEファイターを奪って逃げ出す、という流れになる。

彼の本名は「FN-2187」という番号で、それでは呼びにくいということでポーが名付けた名前が「フィン」である。

彼はレイたちと行動を共にするが、「元ファースト・オーダーの兵士」という経歴からなかなか信用してもらえないでいるが、負傷した仲間を助けたりしたことや、身の上話を語ったことなどから徐々に理解されていくことになるらしい。

映画の終盤ではライトセーバーを手に、カイロ・レンと対決することになるが、前述したように兵士としては落第点なところもあるため、そんなに活躍することもないかもしれない。しかしトルーパーとして剣の訓練も受けていたという情報もあるため、ある程度のスキルはあるかもしれない。いずれにせよ彼の場合、ファースト・オーダーに対する反感が自身の能力の開花を邪魔していた可能性もあり、レジスタンスに加わることで強くなっていく可能性もある。

また、フィン自身のフォースが「覚醒」していく可能性も高い。いずれにせよ、「フォースの覚醒」ではまだそれほど強くはないはずなので、カイロ・レンとの対決でも早々と負傷して戦闘不能になるだろうし、その場合、スター・ウォーズの恒例として「右腕を切り落とされる」羽目になるのではないかと思われる。

フィンを演じるジョン・ボイエガは、ナイジェリア人の両親のもとロンドンに生まれた。5歳の時に学校行事で芝居に参加したのが最初の演技体験だという。

2011年公開のSF映画「アタック・ザ・ブロック」で主役を務め、複数の映画賞で新人賞を受賞している。もともとスター・ウォーズは大好きで、撮影中は、ハリソン・フォードやマーク・ハミルといったクラシック3部作の出演者たちにサインをもらって回ったそうだ。レイを演じるデイジー・リドリーとは、同じイギリス人として特に仲良く、ふざけすぎて現場で怒られたのだとか。

レイ―主人公は謎の女?

レイは惑星ジャクーに住む「廃品回収業者」である(P2、P11参照)。

廃棄されたAT-ATウォーカーを住居としているレイは、墜落したスター・デストロイヤーなどを訪れては、売れる部品を探し出すなどして生計を立てている。そんないつもの生活を送っていた彼女は、ドロイドのBB-8を助けることで、またファースト・オーダーを脱走してきたフィンと出会うことで自身の運命に直面することになる。

といったところが、これまでに取り沙汰されている彼女の背景なのだが、「レイ」という名前も「本当の名前」ではないらしいし、彼女の素性もまた謎に包まれている。

さて、レイは「フォースの覚醒」の主人公である。このことは公式にも発表されているのだが、この「主人公である」という事実だけからも彼女の素性を探ることができる。

スター・ウォーズ・サーガは、エピソード1〜3のプリークェル3部作が「アナキン・スカイウォーカーの物語」。そしてエピソード4〜6のクラシック3部作が「ルーク・スカイウォーカーの物語」として知られている。そしてエピソード7〜9の3部作は「ルークやレイアの子供たちの世代の物語」となることが以前から明言されていた。

ルーカスフィルム会長のキャスリーン・ケネディも「スター・ウォーズ・サーガはスカイウォーカー家の物語だ」とあらためて発言しているほどだ。それゆえ、「レイ＝主人公＝スカイウォーカー家の血族」と断言することができるのだ。

こうなると問題は、レイの親はルークとレイア、どちらなのかという二者択一の問題になる。「フォースの覚醒」にデイジー・リドリーが出演し、主役を務めるということが明らかになって以来、「レイ＝ハンとレイアの娘」という説は広く伝わっていたし、様々な理由からこの説が有力と考えられていた。単純に考えるなら、レイア姫の娘だから自動的に彼女も姫だろうし、そうなるとこれまた自動的に「ディズニー・プリンセスの仲間入り」とも考えられるからだ。

では「レイ＝ルークの娘」という説はどうだろうか？

前章でも述べたが、個人的にはこちらの可能性が高いと思う。「フォースの覚醒」で、レイがハン・ソロやチューバッカと共に旅をすることは撮影風景などを見ても明らかだが、偶然乗り込んだファルコン号に偶然ハンたちが乗り込んできて、実はこの2人が親子だった……というのでは、あまりにも度が過ぎた奇遇だと感じさせてしまうからだ。運命の導きでレイの手元にライトセーバーが渡り、それをめぐって旅をする中で、レイは自分の出生の秘密を知り、それが父が所有していたセーバーだったことを知る……というほうがドラマチックでいい。もちろん、このあたりは妄想でしかないのだが、どうやらレイは「生まれながらの天才パイロット」でもあるようなので、やはりルークの子供のほうがしっくりくる。

今回、監督のJ．J．エイブラムスは、過去のスター・ウォーズの設定資料などを詳しく調べて、再利用できるものは極力採用しているようで、惑星ジャクーの集落にある門などは、ラルフ・マクウォーリーが以前描いた、ジャバ宮殿の門のデザイン画をそのまま使っていたりする。

そういった意味では、仮にレイがルークの娘だった場合、その本名を過去の設定から持ってくる可能性もある。「新たなる希望」の初期の脚本にある女性キャラの名前でもいいし、「帝国の逆襲」の第1稿にはルークの妹として「ネリス・スカイウォーカー」という名前が登場するが、このあたりの名前が使われる可能性もなくはない。一方で、レイのオーディションは「キラ」という名前で行われており、これこそがレイの本名である、とする説もある。キラ・スカイウォーカー……これも悪くない。

レイは、いずれにせよ作中でライトセーバーを使うことになる。そしてそれは、フィンよりはうまく使いこなすだろう。彼女がフォースの強い血筋なのは間違いない。

本作が劇場長編映画2本目の出演にして、レイという主役を演じることになった女優デイジー・リドリーは、今年23歳という若きホープであり、のちに「スター・ウォーズの主人公を演じた」という「伝説」となることが約束されている女の子だ。もともとスター・ウォーズが好きだったという彼女は、オーディションの結果をロンドンでの観劇中に知らされ、一刻も早く帰宅して家族に伝えたかったが、運悪く観劇中の舞台は長く、しかもつまらなかったそうで、いろんな意味でやきもきしたという。

前述したように、フィン役のジョン・ボイエガは同い年で同じイギリス人ということで、撮影現場では意気投合し、大の仲良しになったそうだ。撮影中は常に2人で遊んでいたそうで、ライオン・キングの名場面である、ラフィキがシンバを崖の上で持ち上げる場面を何度も何度も再現(シンバをデイジーが、ラフィキをボイエガが演じた)しては笑い転げて周囲のひんしゅくを買っていたそうである。

カイロ・レン――悩める暗黒騎士はベイダーオタク?

「フォースの覚醒」における中心的存在で、今回の悪役、カイロ・レン(P12参照)は、ファースト・オーダーを率いるスノーク最高指導者の右腕的存在だ。スノーク同様、ダークサイドのフォースを操り、赤いライトセーバーを使用する。そのライトセーバーはなんと十字だ(P5参照)。こんな形のライトセーバーじゃ自分も怪我してしまうのではという突っ込みが早々とファンの間では駆け巡ったが、実際に十字のセーバーを作ってみて振り回してみたら「意外に影響なかったよ」というレポートまでネットにアップされたりもした。

さて、カイロ・レンは、帝国崩壊後に台頭した暗黒の集団であるレン騎士団に入団し、そこで「カイロ・レン」という名前を授かったのだそうだ。なので彼の本名は別のものということになるが、それが何なのかは明らかにされていない。

監督のJ.J.エイブラムスによると、カイロ・レンは「ダース・ベイダー」に対する執着がある」とのことだ。予告編に登場したベイダーのマスクもカイロが所有しているし、彼の頭部を覆っているマスクも、ベイダーのマスクに似せて作られた可能性が高い。どこまでベイダー好きなのかはわからないが、彼自身はベイダーのようになりたいという願望を持ちつつ、ダークサイドへと堕ちていく自分に対して悩んでもいるようだ。

前述した「ベイダーのマスク」は「ジェダイの帰還」でルークがだびに付したベイダーの亡骸の一部と思われるが、そんな一点物をどうやって彼が手に入れたのかは今のところ謎だ。ベイダーの遺体そのものは「フォースと一体化」したため残ってはいないはずだが、機械でできた身体やマスクなどは残っていたと考えていい。その遺物はルークによって、どこかに埋葬か処分されたはずだが、そうなるとそれをカイロはどうやって見つけ出したのだろうか？ダークサイドのフォースに「欲しいものを見つけ出す力」があるのかどうかは不明だが、普通に考えたら「ルークかレイアに聞いた」と考えるのが自然で、そんなことからも、カイロ・レンが「スカイウォーカーの血筋」であると考えるファンも多い。そうなると、ハンとレイアの息子という噂に信憑性が出てくることになるが、はたして……。

カイロ・レンを演じるのは、今年31歳になる若手俳優アダム・ドライバーだ。彼はクリント・イーストウッド監督の「J．エドガー」で映画デビューし、スティーブン・スピルバーグ監督の「リンカーン」でも重要な役を演じて評価されている。２０１６年に公開予定の、遠藤周作の小説を映画化した「沈黙」（マーティン・スコセッシ監督）にも出演する。

BB-8 ―ディズニー時代の主役ドロイド

スター・ウォーズの代名詞的存在はたくさんある。ミレニアム・ファルコンにXウィングファイター、デス・スター、ルーク、ハン・ソロ、レイア姫、ジャバ・ザ・ハットなどなど、キャラクターやメカに至るまで実に数多い。そんな中でもひときわ輝いた存在感を漂わせていたのが、2体のドロイド、R2-D2とC-3POだった。

特にR2はルーカス自身のお気に入りでもあり、過去の6作品では毎回活躍して絶大な人気を博していた。そして、スター・ウォーズという物語がすべてこの2体のドロイドによって語り継がれた物語だ、という設定により、このドロイドたちだけは全作品に登場することが約束されていたのだ。それゆえ、新しい3部作が製作されることになっても、彼らのポジションは不動のものと思われていたのだが……なんと、どうやらそうではないようなのだ。

BB-8は「フォースの覚醒」で初登場する新型のアストロメクドロイドで、R2型の後継機種となるものだ。大きさもよりコンパクトになり、移動方式も球状の胴体を転がすことで様々な地形に対応できるうえに、素早い動きも可能になっている。(P1参照)

R2-D2が、いざという時には内蔵スラスターで空を飛ぶことができたのと同様、

BB-8にも同様な機能が内蔵されていると見ていいだろう。緊急時には、半円形の頭部が球状の胴体に収納されて完全な球体になり、より素早い行動ができるようになっているらしい。

これまた新型のインコム、T-70Xウィングファイターに搭載されるBB-8は、当初、レジスタンスのパイロット、ポー・ダメロンの機体に載っていたが、ポーから極秘の指示を託されて別行動をとることになる。その胴体内にポーが隠した地図(ライトセーバー)を、無事にレイアに届けるという任務だ。BB-8はファースト・オーダーの追跡を逃れながらレイと運命的な出会いをすることになり、彼の前途には思いもかけない冒険の日々が訪れるのであった……。

というわけで、今後の3部作ではBB-8がドロイドの主役ということになりそうだ。R2と3POももちろん出演するが、「フォースの覚醒」での出番は比較的少なくなる見込みだ。レイア専属のプロトコルドロイドとして、3POはクラシック3部作で確固たる地位を築いていたが、今回はPZ-4COという新型がそのポジションにいる。次回作以降は観客の反応次第でR2たちの出番が増える可能性もあるだろうが、とりあえずはドロイドたちも世代交代を迎え、物語の伝道師としての役割はBB-8と情報の並列化を行うことで引き続き担うことができる。よって、ひとまずはR2たちもご隠居状態になるものと思われる。

最初の予告編での初登場以来、すでに世界じゅうのファンの心をがっちり摑んでしまっているBB-8は、その愛らしい出で立ちからも商品化しやすいキャラだし、子供たちも絵に描きやすいと思うので、今後も「BB-8推し」が続くことは間違いないだろう。

キャプテン・ファズマ──銀色に輝く謎のトルーパーコマンダー

キャプテン・ファズマは、ファースト・オーダーに属するトルーパーの司令官である。しかも女性だ！ 彼女がたとえば、カイロ・レンやスノーク最高指導者とどのような関係にあるのかは現時点では不明だ。ただ、通常のストームトルーパーたちの中にも肩章を付けた上官らしき者がいて、そういったトルーパーたちとファズマのアーマーの造型がかなり異なり、より細工の細かいものであること。さらに、全身がクロームメッキで処理され、マントも着用するなど、明らかに他のトルーパーとの差別化がされていることなどから、トルーパーたちの中での最高位に位置する存在だと思われる。

ファズマは、指揮を執るだけでなく、シャトルに乗ってトルーパーたちと現場に乗り込むこともあるようなので、アクションを披露する可能性も高いと見ている。

この、スター・ウォーズ史上初の女性トルーパーとなるキャプテン・ファズマを演じるのは、大ヒットTVドラマ「ゲーム・オブ・スローンズ」で熟練の女戦士「タースのブライエニー」で人気を博したグェンドリン・クリスティーである。191センチという長身の彼女は、ブライエニー役で見せた、重いコスチュームを着たうえでの演技、そしてアクションをこなせるという実績からこの役を射止めたらしい。彼女は「フォースの覚醒」だけでなく、「エピソード8」「9」まで出演契約を済ませているという。

スノークとマズ・カナタ――最先端モーションキャプチャーキャラたち

スノーク最高指導者は、帝国の残党内で急進的な右翼勢力ファースト・オーダーのリーダーである。ダークサイドのフォースを操るスノークは、カイロ・レンの導き手という立場にもあるようだ。その姿かたちは、本稿執筆時点では謎のままだ。噂では、見た目がトカゲのような爬虫類・両生類に近いクリーチャーらしいが、ダース・シディアスのように人間だが青白い醜悪な姿である可能性もある。

マズ・カナタは、宇宙海賊の長で、城を拠点にして取引をする女性エイリアンだ。彼女はハン・ソロと知り合いで、レイやフィンと出会ったハンが、問題解決のためにマズ・カナタの元へ彼らを連れてくるようだ。マズ・カナタは特殊な能力の持ち主で、過去に起きた出来事をイリュージョンとして人に見せることができるようで、ハンが彼女を訪れた理由もこの能力を当てにしてのことらしい。

興味深いのは、「新たなる希望」の時点でハンは、「俺は銀河の端から端まで旅をしてきたが、万物を支配する不思議な力なんて信じないね。信じられるのは俺様だけ」などと言っていてフォースをバカにしていたものだが、30年の時を経て彼の認識というか許容範囲も広くなったことが窺える点だろう。

スノークとマズ・カナタに共通しているのは、この2人のキャラクターが共にモーションキャプチャーによって作られる点だ。実物大のミレニアム・ファルコンのセットを作ったり、着ぐるみのエイリアンを多数登場させたりと、原点回帰的な製作姿勢が強調されがちな「フォースの覚醒」だが、この2人は主要キャラクターともなり最新のCG技術が必要とされているわけで、演じる俳優も、スノークをアンディ・サーキス、マズ・カナタをルピタ・ニョンゴという実力派が選ばれている。

特にルピタ・ニョンゴは、「それでも夜は明ける」でアカデミー助演女優賞を受賞したばかりのノリに乗っている女優なだけに、その彼女をモーションキャプチャーで起用する判断には「もったいない」という声と共に評価が分かれた。しかしたとえば、クラシック3部作でも舞台や映画で活躍していた実力派のジェームズ・アール・ジョーンズがダース・ベイダーの声だけを演じていたなど、「贅沢な配役」の前例もあるので、これればかりは映画の公開を待たねば評価はできない。

ハン・ソロとチューバッカ――手術で復帰した名コンビ

「チューイ、帰ってきたぞ」というハン・ソロのセリフと年老いた2人の姿を、2015年4月に公開され予告編第2弾で目撃したファンたちは絶叫し歓喜の涙を流した。同じ予告編では、実はルークやレイアも映し出されていたのだが、ルークの場合はローブで顔も覆われていて見えなかったし、レイアに至っては映っていたのは手だけだったため、画面上で明確に認識できたのはハンとチューイしかいなかったわけだ(チューイはチューバッカの愛称)。

さて、「帰ってきたぞ」というセリフは予告編の演出としては「俺たちまたスター・ウォーズの世界に帰ってきたぞ!」という意味を持たせているわけで、ファンが涙した理由もここにある。で、映画の中での意味はどうかというと、これは「(懐かしのミレニアム・ファルコンに)帰ってきたぞ」という意味になる。

2人がいる場所がファルコンの内部であることは画面上でも確認できるのだが、彼らの愛機である船に「帰ってきたぞ」とは、落ち着いて考えてみればおかしな話だ。いつも乗っているのであれば感慨深げに「帰ってきたぞ」とは言わないはずだからだ。というわけで、このセリフからだけでもハンとチューイがファルコンに乗り込むのが「本当に久しぶり」なことがわかる。そしてそれは実に数十年ぶりになるらしいのだ。

第6話「ジェダイの帰還」の中盤、ランドにファルコンを貸したハンは、帝国のシャトルのコクピットからファルコンを眺め、「なんだか見納めのような気がする……」と言う。これは、撮影段階では第2デス・スターの爆破に巻き込まれてファルコンもろともランドたちが爆死するという設定があったためで、実際、ファルコンが爆発する場面も作られていた。しかし、ハッピーエンドにこだわったルーカスの判断で、最終的にファルコンは脱出に成功することになる。

その後、反乱軍兵士たちはイウォークの村に集結して勝利の宴に興じるわけだが、先に盛り上がっているハンたちのところへランドたちも合流するので、この時点ではハンのところにファルコンが戻ってきたわけではない。だから、もしかしたらみんながデス・スター破壊と皇帝の死で浮かれている隙にファルコンが何者かに盗まれてしまったのかもしれず、その後約30年もの間、戦いの合間にはファルコンを探し続けていたのかもしれない。

そうなれば「ジェダイの帰還」におけるハンの「見納め発言」も映画として筋が通るものになるわけで、大のスター・ウォーズ・ファンであるJ.Jなら考えそうなことでもある。いずれにせよ、「帰ってきたぞ」というセリフから、ハンたちが久しぶりにファルコンに乗り込んだことは間違いないので、ファルコンが盗まれていたことは事実なのだろう。

1977年の第1作でハン・ソロを演じて一躍スターとなったハリソン・フォードは、その後、インディ・ジョーンズ・シリーズや、リドリー・スコット監督のカルトSF「ブレードランナー」で人気を不動のものとした。「ジェダイの帰還」の公開後、フォードはハン・ソロについては二度と演じたくない旨の発言をくり返し、キャラクターとしての愛着はインディのほうがはるかに強いことを何度も述べていた。

が、近年はヒット作にも恵まれず、久々にインディを演じた「クリスタル・スカルの王国」の評判もそんなには高くなかったため、「エピソード7」に始まる新たな3部作の製作発表はフォードにとっても渡りに船だったに違いない。実際、コミコンやD23エキスポなど、大規模なプロモーションの場にもフォードはまめに登壇してファンを喜ばせている。

撮影中の2014年6月12日には、ファルコンのドアが外れてフォードを直撃し、足首に重傷を負うというアクシデントに見舞われ撮影も一時延期になりもしたが、奇跡的な回復を見せ8月末には現場に復帰している。今回の「フォースの覚醒」ではルークやレイアよりもハンの出番のほうが圧倒的に多いそうだが、それゆえ「今回でハンは死んでしまうかも」といった憶測も流れている。

クラシック3部作、そして「エピソード3 シスの復讐」でチューバッカを演じたピーター・メイヒューは、2メートル20センチという身長の持ち主だが、それゆえ体を支える両膝への負担は尋常なものではなく、最近は車椅子での生活を余儀なくされていた。メイヒューは2013年の9月13日に人工関節置換手術を受け、その後リハビリを経て再び自立歩行ができるまでになったが、そのモチベーションに「フォースの覚醒」の撮影に参加したいという思いがあったことは間違いないだろう。彼は無事、10年ぶりにチューバッカの衣装を着てシリーズへの復帰を果たした。

ルーク・スカイウォーカーとレイア・オーガナ――低迷期からの帰還を果たす〝兄と妹〟

クラシック3部作が完結した時点で、ルークは銀河において唯一のジェダイであり、強力なフォースの使い手だった。その後のルークの使命としては、ジェダイ騎士団の復活が挙げられるが、実際にルークがどのような行動をとったのかは本稿執筆時点では明確ではない。「フォースの覚醒」で彼は、隠遁生活を送っているようで、彼の所在を知っている者は誰もいないようである。そういった意味では前述した通り「フォースの覚醒」のテーマの1つは「ルーク・スカイウォーカーの探索」である可能性が高い。いずれにせよルークは映画には確実に登場するが、イリュージョンの場面を除くとおそらくは映画の終盤だけになるだろう。「ジェダイの帰還」での全身真っ黒な衣装は、「ルークがダークサイドに転落してしまうかもしれない」という不安を観客に暗示するための演出でもあったが、実際、ベイダーとの対決においてルークはダークサイドに足を踏み入れてしまう瞬間があった。「フォースの覚醒」では一転して全身白の衣装で登場するようで、これは「ジェダイの帰還」の30年後の時点でルークには迷いのないことを表している。立場としては「新たなる希望」におけるオビ＝ワン・ケノービに似ているが、リークされた画像などを見ると、その衣装は老オビ＝ワンのそれよりも白い。彼が賢者として実際に若者を導いていくのは「エピソード8」以降のことになると思われる。

ルークの妹であるレイアは、反乱同盟軍がレジスタンスに変化したあとも変わらず指導的立場にあり、現在では将軍として指揮を執っている。

彼女の補佐役としてはアクバー提督がいる。惑星ジャクーからの通信を受け取ったレイアは、パイロットのポー・ダメロンに極秘指令を与え、これが「フォースの覚醒」の物語の発端となる。「ジェダイの帰還」のラストでめでたくハン・ソロと結ばれたかのように見えたが、その後も帝国軍残党との戦闘は続き、多忙な日々を過ごすうちに2人は疎遠になってしまった可能性が高い。

とはいえ、2人の間に子供が生まれていないとスカイウォーカーの血を引くスター・ウォーズの物語が成立しないため、何らかの形で子供が登場すると思われる。有力なのはレイが娘であるという説、カイロ・レンが息子であるという説、その両方であるという説である。多忙な両親の元で育った子供がグレてダークサイドに、というのもありそうだし、何らかの理由で離ればなれになった娘が運命の導きで両親と再会する、というのも悪くない。いずれにせよ12月18日に映画が公開されれば明らかになるだろう。

ルークを演じたマーク・ハミル、そしてレイアを演じたキャリー・フィッシャーは、スターとなったハリソン・フォードとは異なり、役者としてはその後あまり成功していない。ハミルの場合、もともとコミックやSFに夢中だったこともあり、たとえばアニメ版「バットマン」でジョーカーを演じて評判になっていたり、自らオリジナルのアニメ作品を作ったりしていた。

一方のフィッシャーのほうは、薬物中毒やアルコール依存症などの問題を私生活で抱えていたが、そうした経験を書籍にしたらベストセラーになったり、トークショーで人気を博したりと浮き沈みの激しい人生を送っている。

そんな2人にとってルークとレイアを演じたという事実は重要な経歴で、最近ではサイン会に呼ばれるなど、大きな収入源になっている。そういう意味では今回のシリーズ再開はハリソン・フォード同様、渡りに船だったことだろう。結果的に「伝説的存在」だった彼らは、撮影現場では真に「伝説」にまで昇華されたからだ。

CHAPTER

4

第4章

エピソード7製作こぼれ話集

キャスティング・フィーバー

ディズニーによるルーカスフィルムの買収と同時に、スター・ウォーズの新たな3部作が製作されることが発表されるや、たちまちハリウッドではスターたちによる「出演したいフィーバー」が始まった。ほぼあらゆるエンターテインメント系メディアは、プレミア試写会、インタビュー、番組へのゲスト出演といった様々な機会を捉えては、スターたちに「エピソード7に出たいですか？」と聞きまくった。

ジェイソン・ステイサム、マーク・ストロング、ライアン・レイノルズ、エマ・ストーン、ニコラス・ケイジ、ヘンリー・カヴィル、ドウェイン・ジョンソンといった面々が言葉を選びながらも出演に前向きな発言をした。面白いのは彼らの誰一人として「出たい！　絶対出たい！」という熱烈なリアクションをしていないという点だ。あまりにも露骨なアピールをしてしまうとかえって逆効果だと考えたため、慎重な物言いになっていたのだと思う。

1997年に「エピソード1」が製作される際には、やはり多くのスターたちが「ぜひ出たい！」とアピールしていたが、願いが叶ったのはサミュエル・L・ジャクソンくらいで、たとえばメル・ギブソンなどは「ストームトルーパー役でいいから出演したい！」とアピールしていたがそれも叶わなかった。スター・ウォーズに出演するには正規のオーディションを受けるか、裏ルートで密かに出演するしかないのである。

というわけで、メル・ギブソンが果たせなかった夢を今回果たしたのが、ジェームズ・ボンド役で知られるダニエル・クレイグだ。彼は「エピソード7」の撮影が行われていたパインウッドスタジオに見学に赴き、めでたくトルーパー役でこっそりと出演することに成功している。ちなみに彼の妻である女優のレイチェル・ワイズもインタビューで「出たいですか質問」を受け、「興味がある」と答えていた。

真っ当にオーディションを受け、そして玉砕した人もいた。「ガンジー」でアカデミー主演男優賞を受賞し、最近では「アイアンマン3」でマンダリンを演じて話題になったサー・ベン・キングズレーがその人。メディアのインタビューでも「出たいね」と発言していたが、残念ながら彼に合う役は今回のエピソードにはなかったようだ。

「ラブリーボーン」で一躍世界じゅうに知られ、ウェス・アンダーソン監督の「グランド・ブダペスト・ホテル」でも独特の存在感を出していた若手女優シアーシャ・ローナンもオーディションを受け、そして落ちた。「いろんな人がオーディションを受けていたわ。誰もが出たがっている映画なのよ」とオーディションの状況を語ったが、その内容については口をつぐんだ。彼女がティーンエイジャーの殺し屋を演じた「天使の処刑人　バイオレット&デイジー」では無表情で銃を撃ちまくる場面などで、何とも言えない雰囲気を出していただけに、今後のエピソードで悪役や賞金稼ぎなどの役で再挑戦してもらいたいものだ。

イギリスの性格俳優ゲイリー・オールドマンは、製作陣から「出演に関する電話がかかってきた」という逆パターンの人だ。オールドマンといえば「シスの復讐」でグリーバス将軍の声を担当することが決まっており、本人も超乗り気だったにもかかわらず、同作がハリウッドの俳優協会(SAG)に所属「していない」俳優で撮影された作品だったため、SAG所属のオールドマンは規約の問題で降板せざるを得ないことになったという過去がある。このあたりは「帝国の逆襲」の頃から続く、ハリウッドとルーカスとの確執から生じたとばっちりだったわけだが、ディズニー体制のスター・ウォーズでは状況も変わったため、晴れて出演のオファーが来たものと見える。ただ、結果的には交渉はまとまらなかったようで、オールドマンの「エピソード7」への出演は今のところアナウンスされていない。いぶし銀のような魅力が年々増しているオールドマンなだけに、今回は無理でも将来的にはぜひ出演してもらいたいものだ。

さて、控えめではあるが出演に前向きな発言をするスターが多い一方で、「出たいですか質問」にネガティブな返答をしたスターもいた。

「オズ　はじまりの戦い」や「ジュピター」といったファンタジー、SF作品に出演しているミラ・クニスは、「興味ないわ」と質問を一蹴。理由は「スター・ウォーズ?　それが何?　私はスター・トレックのファンなのよ!」というものだった。

そして、J・Jが監督した「スター・トレック」にウフーラ役で出演しているゾーイ・サルダナにも同じ質問が向けられた。そして彼女の答えも否定的だったが、サルダナの場合、スター・ウォーズに興味がないわけではなく、「スター・トレックに出ているからねぇ……。どっちも出るってことはありえないと思うわ」という理性的な分析によるものだった。

また、そんな彼女の分析を裏技でクリアして「エピソード7」への出演を果たした俳優がいる。サイモン・ペグだ。「スター・トレック」にスコッティ役で出演しているペグはオタクでもあり、特にスター・ウォーズの大ファンだった。彼は監督のJ．Jにコンタクトを取り、ロケ地であるアブダビに飛んで出演を果たしたのだが、その役はなんと「かぶり物クリーチャー」だったのだ。前述のダニエル・クレイグ同様、これなら顔も出ないため他の出演作品や映画会社に迷惑をかけることもないのだ。まさに生粋のファンでなければ思いつかない裏技と言えるだろう。

「幼なじみ」という裏技を使ったのが、J．Jの幼稚園時代からの友人、グレッグ・グランバーグだ。彼も個人的にJ．Jにコンタクトを取って役を獲得した俳優の1人だ。彼はJ．Jの代表作であるTVシリーズ「エイリアス」でのCIA局員として知られ、映画では「ミッション：インポッシブル3」や「スター・トレック」などでもカメオ出演している。「エピソード7」での役回りはもうちょっと大きなもので、どうやらXウィング中隊の隊長らしい。グランバーグは「エピソード9」までの3作に出演する契約を結んだそうで、そうなると彼の立ち位置はクラシック3部作における、ウェッジ・アンティリーズのような存在になりそうだ。「スタートレック」といえば、J．Jによる2作目「イントゥ・ダークネス」でカーンを演じたベネディクト・カンバーバッチも出演に前向きだった。彼もまたJ．Jに連絡を取って出演の可能性を探ったが、今回は願い叶わずだった。それでも彼が「スタトレ」で演じたカーンはレギュラーキャラではなく、ゲストのような扱いなので、カンバーバッチがスター・ウォーズに出演する可能性が完全に消えたわけではない。今後製作されるスピンオフや「エピソード8」以降の本シリーズに出演するかもしれないのだ。ファンは祈って待とう。

パインウッドスタジオに見学にまで行ったものの出演は叶わなかったスターたちもいる。「アイアンマン」のロバート・ダウニー・Jr、「X-メン」「ウルヴァリン」のヒュー・ジャックマンは、サミュエル・L・ジャクソンと共に見学に訪れたうえで、カメオ出演を希望。ジャクソンはすでにメイス・ウィンドゥ役でエピソード1〜3に出演（3で死亡）しているため、カメオであっても素顔をさらして出演することはできない。

あとの2人は別の映画の撮影中であり、契約上ほかの映画の撮影に参加することはできないため、これまた素顔をさらさない形でしか出演はできない状況だった。ダニエル・クレイグの場合、早々とストームトルーパーとしてカメオ出演したことが公表されたが、この3人についてはいまだ結果は謎のままだ。順当に考えるなら、「試みたけど諦めた」ということになるだろうが、もしかしたら公開後の隠し玉的なトリビアとして情報が封印されているかもしれない。

過去作の出演者としては、プリークェル3部作でオビ＝ワン・ケノービを演じたユアン・マクレガーもスタジオ見学に行ったが、彼の場合はただの見学だったようだ。もっとも、新作への出演については「出たいね。可能ならばだけど。でもファンが（新作で）観たいのはアレック・ギネスのオビ＝ワンだろうから難しいと思うよ。でも呼ばれればいつでも行くつもりだよ」と非常に前向きな発言をしている。

ユアンといえば、プリークェル3部作の製作中には作品やルーカスに対して否定的な発言をしていたこともあったが、これは彼のスター・ウォーズに対する思いとプレッシャーが強すぎたことに加えて、メンタル面で弱ってアルコールに頼っていた時期があって、その頃に否定的な発言をしてしまったと、シリーズ完結後に謝罪している。だからもし今後、「若きオビ＝ワンの活躍」を描くスピンオフ映画が企画されようものなら、彼は喜んで飛んでいくことだろう。

ルークやレイアの母、パドメを演じたナタリー・ポートマンにも「出たいですか質問」が向けられたが、彼女の答えはシンプルそのものだった。

「出ないわ。死んだから」

旧3部作トリオの大復活

さて、「エピソード7」は公式発表を待つまでもなく、「ルークやレイアの子供たちの世代の物語」であることはわかっていた。そして10年ほど前に、この世代の物語の製作を否定したルーカスは、最近になってこんなことを言っていた。

「ルークの子供たちの世代の話を映画化する頃には、マーク・ハミルやハリソン・フォードもちょうどいい年齢になっているだろうから、そのタイミングで彼らに出演してもらったら面白いだろうね、と話したことが広まってしまったんだ」

つまり、そのアイデアはジョークのようなものだったのに、メディアが真に受けて報道してしまったために「スター・ウォーズは9部作」という話が定着してしまったというのだ。まあ、このルーカスの言葉はもちろん強引な言い逃れで、彼は「帝国の逆襲」の公開後に再三にわたって「9部作」という話をしていたし、第1作の公開後当時は「全12作」とインタビューに答えていた。

だから「年老いたルークやハンの登場」はジョークなどではなく、ぼんやりとしたものではあったが、明確なアイデアだったはずなのだ。いずれにせよ、結果的に「エピソード7〜9」は製作されることになったし、ハミルやフォード、そしてキャリー・フィッシャーも「ちょう

ど い い年齢」になっていた。だからメディアは真っ先に彼らの証言を得ようと奔走したのだった。

が、ここからしばらくは情報が錯綜する。「エピソード7」の監督発表や脚本の状況、オーディションの開催など、様々なニュースが世間を賑わしている中、ハミル、フィッシャー、フォードの3人に関しては、関係者たちの失言も含めて「出る」「いや決まっていない」といった情報が頻繁に出てきた。

2013年にはジョージ・ルーカス自身が3人の出演を明言し、「契約を結んだか、その最終段階」と発言してしまった。その直後にはディズニーのCEOであるボブ・アイガーが、「そんなことを公式に発表したことはない」とルーカスの発言を打ち消しにかかった。

これは当然の話で、巨額（といっても数千億円程度だが）を投じて買収し、盤石の状態で新作を進行させたいディズニーとしては、こういった「キャスティングの目玉」は関係各所にも大きな影響をもたらす情報だ。それだけに、満を持しての公式発表となるまでは極秘にしておきたいからだ。

もちろん、論理的に考えればどんなに金を積んでもこの3人の出演は実現させなければならないし、もしそれが叶わなければ、ディズニーは世界中のファンから総攻撃を食らうことは目に見えていた。そして当の3人の言動（「連絡を待っている」「準備を進めている」など）からも、交渉が決裂する気配は微塵もなかった。

だから、ディズニーとしては適切なタイミングで発表することで、ファンだけでなく、映画業界、そして株主たちに最大のインパクトを与えることが最優先事項だったのだ。ここが、ルーカスの個人経営だったルーカスフィルム単体の時代と、巨大企業であるディズニー傘下となった現在の違いなのだ。

結局、2014年の4月末に「エピソード7」のキャストが正式に発表され、クラシック3部作の3人も含めた新キャストがお披露目となった。その中に、ランド・カルリジアンを演じていたビリー・ディー・ウィリアムズの姿はなかったが、彼の新たな3部作の出演は、前述した「ファンの怒りを無用に買う必要はない」という理由で今後間違いなく実現するはずだ。

まあ、ランドにしろヨーダにしろ、「エピソード4」では出演していなかったキャラもいろいろいるので、旧作のキャラがすべて「エピソード7」に出なければならないということもないから、多少の出し惜しみもしなければ今後の話題性にも欠けてしまうというものだ。

そうそう、マーク・ハミルとキャリー・フィッシャーは、現役バリバリのスターであるハリソン・フォードと違って長年の間に激太りしていて、「こんな姿で大丈夫か⁉」と出演の正式発表前にもかかわらず世界じゅうで報道されていた。結局、「エピソード7」出演のために製作者側からダイエットを命じられたようで、正式発表の頃、つまり撮影開始直前にはすっきりとしたルックスになって多くのファンを安心させた。まあ、スター・ウォーズの新作に出演できるのなら、どんな俳優だって過酷なダイエットに耐えるだろうからね。

原寸大ファルコンはディズニー体制の恩恵？

「フォースの覚醒」の監督J．J．エイブラムスは本作の製作にあたり、「極力手作りの質感を大事にしたい」と表明しており、だからCGも極力使わず、撮影もデジタルではなくフィルムで行うことを早々と発表していた。しかしだからといってCGを「まったく使わない」というわけではなく、当然ながら宇宙の場面やその他様々な場面でCGは多用されている。

それでもたとえば、ハン・ソロの愛機ミレニアム・ファルコンなどは原寸大のセットが組まれ、その事実にファンたちは狂喜乱舞した。シリーズ第1作の「新たなる希望」の時には低予算映画だったため、ファルコンのセットも半分しか作ることができず、これを撮影する角度を工夫することでごまかしていた。

続く「帝国の逆襲」では、前作の大ヒットの恩恵で、ファルコンは初めて全体をセットで作られた。そしてそのセットは第3作「ジェダイの帰還」の撮影でも使用されたが、残念ながら原寸大セットを使用した場面がカットされてしまったため、映画にはマットペインティングで描かれたファルコンとミニチュアしか登場していなかった。

だから今回の最新作での「原寸大ファルコン」は、実に1980年以来の登場となるわけだ。まあ、このセットのドアが倒れてハリソン・フォードが大けがをして撮影が中断するというアクシデントもあったけど、それでもこのセットが作られたことの心理的インパクトは、ファンだけでなくキャストやスタッフにも大きなものがあったと思う。

これまで培われてきた技術を使えば、入り口部分だけを作ってあとはCGで、なんてことも簡単にできるし、そのほうが安くできるにもかかわらず、あえて実物大セットを作った理由は、前述した「J．Jのこだわり」のほかにもあるわけだが、それは「ディズニー時代のスター・ウォーズ」を象徴してもいるのだ。

もちろん、ディズニーという大資本がなせるわざでもあるのだけれども、そのディズニーは、「フォースの覚醒」に続く「エピソード8」と「9」の公開もアナウンスしている。加えて、シリーズ初のスピンオフ映画として「スター・ウォーズ・ストーリー」というカテゴリーで3本をリリースすることも発表しており、その第1弾「ローグ・ワン」が2016年12月に公開される。つまり、2015年から2020年までの6年間に計6本のスター・ウォーズ映画を公開するのだ。「3年ごとに1本」といった過去の時代を体験している者にとっては涙が出るほど充実した時代と言えるだろう。

これらの作品はすべて、イギリスのパインウッドスタジオで撮影されることになっているのだが、ここに原寸大のファルコンのセットが常駐する形になる。少なくとも本シリーズであるエピソード7、8、9にファルコンが登場することは確実だ。スピンオフ第1弾の「ローグ・ワン」は未知数ながらも、その第2弾は「若き日のハン・ソロ」を主人公としたものと発表されているから、そこにファルコンが登場するのも間違いない。

さらに、スピンオフの第3弾は「ボバ・フェットを主人公にした物語」とも噂されている。「ジェダイの帰還」でハンが、「ボバ・フェット？　どこだ!?」と言う場面があるため、彼は以前からボバを知っていたことになる。となると、この「ボバが主役」のスピンオフにハン・ソロが絡んでくることになれば、必然的にファルコンの出番も出てくる、というわけだ。

こう考えると6本のうち5本の映画で1つのセットを使い回すことができるわけで、これは映画業界としては極めて効率的な方法となる。それもこれもスター・ウォーズという、半ば成功が約束されている映画だからこそできるやり方とも言えるし、6本を連続して作るという構想を立てた、ディズニーの資本力と企画力の勝利とも言えるだろう。

2020年になってシリーズが完結し、原寸大セットが用済みになったら、どこかのディズニーリゾートに展示するという使い道もある。実際、フロリダのディズニーワールドには、最近まで原寸大のスノースピーダーが何げなく置かれていたが、これは「帝国の逆襲」で実際に使用されたものだったそうだ。

とはいえ、テーマパークで風雨にさらされているよりは、TVドラマなり、スピンオフなりでセットを使い続け、いずれアナウンスされるであろう「エピソード10」「11」「12」までスタジオに鎮座させ続けておくほうが可能性は高いかもしれない。

進化したストームトルーパー

第1作の「スター・ウォーズ」の公開当時から、帝国軍の兵士ストームトルーパーは「クローン」、つまり「複製された人間」の兵士だと言われてきた。「エピソード2」で登場したクローン兵士「クローントルーパー」は、賞金稼ぎジャンゴ・フェットのDNAを基に製造されたクローンだったし、そのクローントルーパーが銀河帝国の誕生と共にストームトルーパーへと進化していったと信じられてきた。実際、それを裏付ける描写もある。

「エピソード4」で、R2-D2とC-3POが隠れていたデス・スター内の指令室にストームトルーパーの一団が踏み込んでくる場面があるが、この時、画面の右端のトルーパーがドアに頭をぶつけるのだ。これはファンの間では有名な「お笑いカット」だった。もちろん意図的に撮影されたものではなく、たまたま撮影中に起きた「ちょっとしたアクシデント」だったのだが、そのまま映画に使われている。撮影中のアクシデントをそのまま使うのはルーカスの特徴で、このケースではわざわざ「コン！」とぶつかる効果音まで入れているくらいだ。

さらに、2002年に公開された「エピソード2」ではこんな場面があった。オビ＝ワン・ケノービと惑星カミーノで死闘を繰り広げたジャンゴ・フェットが、オビ＝ワンを追い払ったあとに愛機スレーブ1に乗り込むのだが、この時にジャンゴが宇宙船のドアに「頭をぶつける」のである。これは前述した「エピソード４」での有名な場面に対応させたもので、「これでトルーパーにもジャンゴのＤＮＡが受け継がれていることがわかる」という狙いで、こちらはわざわざ頭をぶつけて撮影したのだそうだ。

さて、「エピソード２」ではＤＮＡソースとなるジャンゴ・フェットは、メイス・ウィンドゥに殺されてしまうため、その後、クローン兵士の製造がどのようになっていったのかはあいまいなままだった。ソースが失われてしまったためにクローンからＤＮＡを抽出してさらにクローンを作った、という認識がファンの間では一般的で、このように「劣化」を余儀なくされる形でクローン兵が供給されたため、クローン・ウォーズではあれほどまでに強かったトルーパーも「エピソード６」では原始的なイウォーク族に敗れるまで弱くなってしまった、と言われてきた。その真偽はともかく、とにかくストームトルーパーは「クローン」というのがこれまでの常識だった。そしてその常識は、今や過去のものとなった。

２０１４年暮れに公開された最新作「フォースの覚醒」の予告編。そのファーストカットは「砂漠で跳ね起きるフィン」だったが、彼が新型トルーパーのコスチュームを着ていたため、ファンの間ではたちまち激論となった。

「なぜ黒人が？」

「黒人のクローン？」

「エピソード４みたいに主人公がトルーパーの格好をしただけ？」

「いや、トルーパーはクローン以外の人間もいるんだ」といった具合。結局、正解は「クローン以外のトルーパーもいる」ということで、考えてみれば「劣化したクローン」をいつまでも帝国が使い続けるわけもないんだけれども、いずれにしても、「クローン以外のストームトルーパー」の存在は、のちにTVアニメ「スター・ウォーズ 反乱者たち」で肯定されることになった。

シーズン1の第5話「候補生エズラ」は、主人公エズラが帝国アカデミーのトルーパー養成所に潜入するエピソードであり、そこには同じ候補生として黒人を含めた様々な人種が参加していた。というわけで、「フォースの覚醒」に登場するフィンは「ストームトルーパー」であってもおかしくないし、実際、彼が「わけあって脱走するトルーパー」という設定も明らかにされた。

「フォースの覚醒」で話題になったトルーパーは「黒人のフィン」だけではなかった。いわゆる通常の「トルーパーの姿」そのものにも注目が集まった。

今回、「フォースの覚醒」で衣装を担当したマイケル・カプランは、1982年、リドリー・スコット監督の「ブレードランナー」でデビューを飾った。スター・ウォーズと同時代の代表的なSF映画でデビューした人が、30年以上の時を経て、ついにスター・ウォーズの衣装を手がけることになったのはなかなか運命的で興味深い。彼自身も「ブレードランナー」で経験した「使い古されたディテール」の構築が今回も役に立ったと言っている。

「フォースの覚醒」の製作が始まった頃、カプランはサンフランシスコにあるルーカスフィルムの本拠地スカイウォーカーランチを訪れ、終日を敷地内にあるアーカイブで過ごし、無数のコスチュームや小道具に囲まれながらスケッチを続けたという。そして監督のJ.J.エイブラムスと協議を続けて新作の衣装デザインを固めていったが、ストームトルーパーの衣装に関しては他の衣装とは若干勝手が違ったという。

J.Jの強い希望により、新作のトルーパーは、ストームトルーパーの持つユニークな外見は維持しながらも、30年という歳月がもたらすはずの「変化」を見せなければならなかった。そこでカプランが考えたのは「アップルならどうするだろうか?」ということだった。MacBookやiPhoneなど、洗練されたデザインを送り続けているアップルのデザイン哲学は、確かにJ.Jが要求した「一目でそれとわかる」ものだし、同時に「最先端」を感じさせるものだ。こうして新型のファースト・オーダー版ストームトルーパーのデザインは固まったというが、言われてみれば確かにアップルっぽいルックスだ。さしずめ「iTrooper」といったところか。

ストームトルーパーと同様にスノートルーパーのデザインもアップデートされ、新登場のフレームトルーパー(火炎放射器を扱う兵士)も同じ流れのデザインになっている。というわけで、第1作から「やられキャラ」としても人気だったトルーパーも、劇的に洗練された形で再登場することになったが、その役割自体は変わらず、「それなりの強さ」で見事な〝やられっぷり〟を見せてくれることだろう。

スター・ウォーズ「正史」を再設定

「エピソード7」の主要撮影を目前に控えた2014年4月25日。ルーカスフィルムは世界じゅうのファンに衝撃をもたらす発表を行った。

1983年に「ジェダイの帰還」が公開されて以降、スター・ウォーズの新しいコンテンツは、アニメやTV映画、コミックやカードゲーム、そして小説などで構成されていた。特に1991年に発表された、ティモシー・ザーンによる「帝国の後継者」とそれに続く2作品、いわゆる「スローン3部作」は、エンドアの戦い以降を描いた「エピソード6以降の正統な続編小説」で、以後コミックなども巻き込む形でハンやルークたちの「その後」を描き続けてきた。ハンとレイアには、ジェイナとジェイセンという双子の姉弟が生まれ、さらにアナキンという弟が生まれる。ルークは「皇帝の手」と呼ばれる暗殺者であるマラ・ジェイドと出会い、やがて恋に落ち結婚し、ベン・スカイウォーカーという息子を授かる。またチューバッカはハンの息子アナキンを救うために命を落とす……。などなど色々と詳細なエピソードが語られてきていたのである。これは「エピソード7以降」の物語が映画化される可能性がなかった頃の展開であり、正式にエピソード7が製作されることになった段階で、こうした「エキスパンデッド・ユニバース（EU：拡張世界）」と呼ばれる様々な設定の処置を何とかしなければ矛盾が生じる状況となっていた。

というわけで、ルーカスフィルムは、

・今後製作されるエピソード7以降の映画は、これまでに発表されているエピソード6以降の物語とは異なるものになる。

・これまでに発表されたEU作品は「レジェンド」と呼ばれ、映画作品に代表される「正史」と区別される。

・ただし、EU作品で描かれた設定やキャラクターの中で、今後、正史に組み込まれるものもある。

という声明を発表した。

長年、映画のない時期を、こうしたスピンオフ作品で過ごしてきたファンたちの多くは落胆したが、今後の「エピソード7」以降の展開を考えると当然といえば当然の判断でもあり、「仕方ない」と受け入れるしかなかった。とはいえ、「今後、正史に含まれるものもある」ということで、完全に無視されるわけではないという含みがあったので、次なる関心は、「どの設定が生き残って映画に採用されるだろうか?」という点に移っていった。

また、アニメーション・シリーズ「クローン・ウォーズ」を正史とすることも発表され、今回の声明以後に発表される作品もまた正史と見なされるとのことで、今後もアニメシリーズ「反乱者たち」を始め、小説、コミック、ゲームなどから目が離せないという状況になっている。やっぱり商売がうまいね。

ルーカスフィルムとファン団体の特殊な関係

人気コンテンツというものにはファン層が形成され、ファン同士の交流によって対象コンテンツへの情熱が増幅され、結果そのコンテンツの人気をさらに支えていく原動力にもなっていく……という構図はあらゆる作品においてよくあることだと思う。ところがスター・ウォーズの場合、ルーカスフィルムとファンとの間の関係性は、通常のケースに比べてより深く、特殊なものとなっている。

スター・ウォーズにはかつて公式のファンクラブがあった。それはルーカスフィルム自身が運営するもので、第1作公開の翌年の1978年には早くも設立されていた。このクラブに入会すると、定期的に「バンサ・トラックス（バンサの足跡）」というニュースレターが送られてきて、最新作の情報や限定グッズなどを手に入れることができた。日本からも為替を送れば入会できたが、為替を郵送してから会員証やワッペンなどの入会特典が送られてくるまで半年くらいかかったものだった。

こうした形態はファンクラブの典型的なものだったが、「ジェダイの帰還」でシリーズがいったん完結してしまうと「スター・ウォーズ・ファンクラブ」としての機能は当然ながら縮小され、やがて「ルーカスフィルム・ファンクラブ」と名前を変えたりしてきたが、まもなく自然消滅のような形になってしまっていた。

こうした状況に変化が起きたのはインターネット時代になってからだろう。ネットによって情報共有は以前とは比較にならないほど容易になり、地理的要因による交流の壁もなくなっていた。というわけで、ネット時代のかなり早い段階からスター・ウォーズのファンサイトは次々に誕生していた。

この時点で特筆すべき点は、ルーカスフィルムがスター・ウォーズの画像や音声、そしてのちに動画などの使用を事実上フリーにしたことだった。もちろん、1：金儲けに繋がる使い方はしない。2：わいせつ関連など公序良俗に反するサイトや内容に関連してはならない。といった条件はあった。しかしそれさえ守れば何もかもが自由だった。こうしてネットにはファンによるスター・ウォーズ研究サイトや交流サイトが溢れるようになる。

一方で、ルーカスフィルムによるスター・ウォーズの公式サイトも誕生し、そこでもオフィシャル・ファンクラブが復活したりしたが、前回同様、２００５年の「シスの復讐」公開以降は徐々に縮小し、やがてなくなってしまった……。だが、この場合は前回の時とは状況がまったく異なっていた。

この頃にはすでに世界じゅうでファンたちが十分に交流を行えていたし、独自のイベントなども開催していたからだ。公式な情報発信は公式サイトで十分だったし、ファンの交流という意味では一部その機能を残してはいるが、ルーカスフィルムが積極的に旗振り役をする必要はなくなっていたのだ。

そうしたファンの活動の中で最も特殊なのは、いわゆる「コスプレ団体」との協力関係だろう（P4、P134参照）。「501stリージョン」に代表される世界じゅうのスター・ウォーズ・コスプレ団体の多くは、映画と同レベルのクォリティのコスチュームを着用し、立ち居振る舞いなども映画の世界観を壊さないように研究を重ねていた。彼らのコスチューム、特にベイダーやトルーパーなどのコスチュームは、撮影に使われた実物から型取りをして作るなど精巧なものだったが、正規に販売されているものではなかった。

そのため、彼らとルーカスフィルムとの間では訴訟寸前になるまでの衝突が過去にはあったのだが、彼らの活動がたんにコスチュームを着て歩き回るというものだけではなく、「外出できない子供のための小児病院訪問」や「児童養護施設」など、子供対象のチャリティ活動も行っていたことから、ルーカスフィルムも態度を一変し、互いに協力し合う関係が構築された。

たとえば、カンヌ映画祭やアメリカ映画協会の授賞式など、ルーカスが公式に訪れるイベントには、カンヌならフランス部隊、ハリウッドならロサンゼルス部隊と、501stのメンバーがキャストとして活躍することになった。日本でも「シスの復讐」の一連の来日キャンペーンやイベントなどでは日本部隊が駆り出されたし、それは現在も続いている。

ルーカスフィルムがディズニーに買収された時、こうしたファンとの協力体制がどうなっていくのかが懸念されていたが、2014年の1月にルーカスフィルムは公式なアナウンスを発表し、こうしたファンとの協力体制を維持するだけでなく、さらに拡大する方針であることが明らかになった。

これまで、帝国軍のコスプレを行う501stと、反乱軍のコスプレを行う「レベル・リージョン」の2団体が公式活動などにキャスティングされてきたのだが、この「ある意味公認団体」が一気に、次に挙げる10団体にまで増えたのだ。

・501st Legion
・Rebel Legion
・Mandalorian Mercs
・Jedi Assembly
・The Dark Empire
・Saber Guild
・The Dented Helmet
・The Twin Suns
・R2-D2 Builders
・Leia's Metal Bikini

これらのほとんどが501stおよびレベル・リージョンから派生した団体である。

「Mandalorian Mercs」や「The Dented Helmet」は、ボバ・フェットやジャンゴなどの「マンダロリアン兵士」のアーマーに特化したグループで、「Leia's Metal Bikini」はその名の通り、「ジェダイの帰還」でレイア姫が着用したメタル・ビキニを製作・販売するグループ。「R2-D2 Builders」も名前のとおり、R2-D2などリモコンで動かす実物大のドロイドを製作する団体だ。彼らは今後、公式イベントなど必要に応じてキャストとしてキャスティングされ、その内容によって報酬も支払われることになる。以前、501stなどはあらゆるイベントをノーギャラで出演することが当たり前だったのだが、たとえば交通費や飲食費なども自腹で、依頼回数が増えるに従ってメンバーの家計を圧迫するようになり、結果的に活動に参加できなくなる人も増えた。

これでは本末転倒なので、ルーカスフィルムは1回の出動につき一定のギャラが出るように規約を制定した。これによってメンバーの個人的な負担は軽減され、利益が出た分は子供たちのための財団などに寄付されることになっている。

たとえば501st日本部隊（P9、P108参照）の場合、外国と違って日本の企業は、税法上、名義を501stにしたうえでは各団体への直接寄付ができない。そのため、いったん出演報酬として日本部隊が預かり、ある程度の金額になったところで任意の団体に寄付するシステムになっている。基本的には海外の他の部隊同様、世界最大のボランティア団体で、難病と闘う子供が持つ夢の実現の手伝いをする「メイク・ア・ウィッシュ」に寄付を行っているが、状況に応じて、被災地や児童養護施設などにも寄付をしている。

本来、こうしたキャストはプロのスーツアクターが雇用され、コスチュームを企業側が貸し出してイベントなどを運営するものだし、実際、「スター・ウォーズ以外」はそうだ。しかし、スター・ウォーズの場合、プロが雇われるほうがまれ。たとえば、今年のアカデミー賞の授賞式では冒頭で様々な映画のキャラクターたちが登場してダンスを踊る場面があったが、この場合は市販の「なんちゃってコスチューム」をプロのダンサーが着用していた。さすがに501stメンバーにダンスをしろとまでは依頼できないためにこうなったようだが、2005年のアメリカ映画協会のルーカスへの功労賞の授賞式ではウィリアム・シャトナーとトルーパーたちがラインダンスを踊った。そしてこれは501stだった。

しかし、こういう晴れの舞台は例外的なものだ。彼らファン団体は常日頃から病院訪問などを行い、寄付を募っている。こうした行動と、作品に対する愛情が根本に存在しているからこそ、作品の「作り手とファン」が手を組んでの活動が実現できたのだと思う。

定期的に開催される「スター・ウォーズ・セレブレーション」にせよ、去年から始まったユニセフとの共同チャリティキャンペーン「フォース・フォー・チェンジ」にせよ、両者が協力して歩んできた実績があったがゆえに、成功を収めることができている。だから、今後のディズニー時代にはこうした関係性が発展、拡大することはあっても、縮小するようなことは起きてほしくないと思うのである。

CHAPTER

4

代官山蔦屋書店にて。「501st日本部隊」の面々。公式、非公式を問わず、彼らのコスチュームの完成度の高さは映画と同等なため、盛り上げ役として世界じゅうで引っ張りだこだ。

1人、また1人と、時間が経つにつれて増えてくる
出没キャラクターにお客さんも大興奮。

CHAPTER

5

STAR WARS: THE FORCE AWAKENS
THE LAST CHRESTOMATHY FOR PREPARATION AND REVIEW

●●●●●○

第5章
スター・ウォーズ未来図

新たな3部作とスピンオフの展望

これまで、劇場用スター・ウォーズ映画は3部作として2度作られてきたので、計6本。両3部作の最初のエピソードが公開されてから3年ごとに次回作が公開され、観客は6年間で3作品を観ることができた。

3年に1本しか公開されないため、次回作を待つ3年間はファンにとっては苦しくも楽しくもある時間だった。次作への期待と不安に思いを巡らし、断片的に漏れ伝わってくる情報に一喜一憂、そして公開が近づくとカウントダウンを興奮と共に楽しむ、といった具合だ。

それでもやはり3年は長いわけで、仕方ないとはわかっていても誰もが「早く観たい」と願い続けていたのも確かだった。

とまあ、願ってはいたものの、それが本当に実現するとはこれまた誰も思っていなかったのだが、今後スター・ウォーズはこれまでよりも「ずっと早く観られる」ようになった。

2012年のルーカスフィルム買収の発表時にディズニーは、2015年から2020年にかけて、1年おきに新しい3部作を、その合間にスタンドアローン版のスピンオフ映画(スター・ウォーズ・ストーリーと呼ばれる)を公開すると発表した。つまり2015年からの6年間で毎年スター・ウォーズの劇場映画を観ることができるということだった。

・2015年12月　エピソード7「フォースの覚醒」
・2016年12月　スピンオフ1「ローグ・ワン」(仮題)
・2017年5月(予定)　エピソード8
・2018年5月(予定)　スピンオフ2
・2019年5月(予定)　エピソード9
・2020年5月(予定)　スピンオフ3

ファンにとってはまったくもって夢のような状況だ。しかも毎年映画を観られるだけでなく、TVでは「反乱者たち」が継続して放映されるし、実写版TVシリーズも開始される模様で、さらにゲーム、コミック、そしてテーマパークなど、スター・ウォーズを求めればいつでも何かしら得ることができる状況が整えられようとしている。

話を映画に戻し、1作品ごとに解説していこう。
まずは2016年末公開の「ローグ・ワン」だ。

■スター・ウォーズ・ストーリー「ローグ・ワン」

2016年12月16日全米公開。日本での公開日は未定。監督は「GODZILLA ゴジラ」(2014)のギャレス・エドワーズ。「エピソード4 新たなる希望」のオープニング・クロールで言及されている内容がメインの物語となる。

帝国の支配に対して銀河系では反発が高まっており、そんな折、反乱軍の宇宙艦隊が帝国軍に対して初勝利を手にする。その戦闘の最中に反乱軍のスパイが「デス・スター」の設計図を入手することに成功する……という話だ。原案は、プリークェル3部作の視覚効果責任者だったジョン・ノールだ。

出演者は「博士と彼女のセオリー」のフェリシティ・ジョーンズをヒロインに据え、他にマッツ・ミケルセン、フォレスト・ウィテカー、リズ・アーメッド、ディエゴ・ルナ、ドニー・イェン、チアン・ウェンなど。

■スター・ウォーズ　エピソード8

2017年5月26日全米公開予定。監督は「ルーパー」(2012)のライアン・ジョンソン。物語が「フォースの覚醒」からどのくらい経過した話になるのかは不明。おそらく1年か2年後の話になると思う。3幕物で言えば起転結の「転」にあたるエピソードでもあるので、いろいろと劇的な展開が待っているはずだ。

これはあくまでも予想でしかないが、レイはルークのもとでフォースの使い方をある程度学ぶ。フィンやポーは攻勢を強めるであろうファースト・オーダーへの対応に追われる一方で、新たな出会いに恵まれる可能性がある。カイロ・レンは、ベニチオ・デル・トロ演じる新たな悪役と何らかの協力体制を組むかもしれない。いずれにせよスノーク最高指導者の野望がどんなものなのか、その全貌、もしくは少なくともその片鱗が明らかになるはずだ。

クラシック3部作からの復帰キャラとして期待されるのは、やはりランドとヨーダだろう。ランドを演じたビリー・ディー・ウィリアムズは「エピソード7」でさえ出演したいアピールを盛んに行っていたので出る気は満々だ。そしてヨーダも基本はCGになるだろうが、製作総指揮を務めるJ．Jのこだわりからパペットも併用されるかもしれない。

■スター・ウォーズ・ストーリー2（若き日のハン・ソロ物語）

2018年5月公開予定のスピンオフ映画第2弾は、当初「クロニクル」で注目を集めた、新鋭のジョシュ・トランクが監督を務めると発表されていた。しかしその後、創作上の意見の相違からトランクがプロジェクトから外れた。

まあ、表向きは「意見の相違」ということになってはいるが、実際には多くのメディアが指摘しているように、トランクが監督した「ファンタスティック・フォー」の破滅的な出来の悪さが降板劇の原因だったと思う。このリブート版「ファンタスティック・フォー」は、近年まれに見る出来の悪い映画で、あまりの出来の悪さに公開も延期され、スタジオによる追加撮影によってかなり手直しをされて公開に至ったのだが、それでも成績はひどいものだった。トランクは、フォックスが大幅に手を加える前のバージョンは「ファンタスティックだった」と言っているが、両方のバージョンを観た関係者によると、公開されたバージョンは「あれでもかなりマシになったんだ。出来はともかく少なくとも公開できるレベルにはね」というものだったらしい。それでもかなり退屈な作品だったのだが、ここまで酷評が伝わってくるとディレクターズカットが観てみたいものだ。

2本目のスピンオフは、トランクのプランでは「ボバ・フェットを中心にした物語」の予定だったらしいが、彼の降板によってまったく別のものに変更された。というわけで正式に発表されたのが「若き日のハン・ソロ」というテーマだった。若き日といっても別に10歳の頃のハン・ソロのやんちゃ時代を映画にするわけではなく、10代後半か20代前半の頃のハンが、「いかにして密輸業に手を染めることになったか」が描かれる予定だそうだ。

監督は「LEGOムービー」のクリス・ミラーとフィル・ロードが務める。脚本は「帝国の逆襲」「ジェダイの帰還」のローレンス・カスダンが担当する。

■スター・ウォーズ　エピソード9

２０１９年５月公開予定。監督は「ジュラシック・ワールド」のコリン・トレヴォロウ。これ以上の情報は現在のところ何もない。が、３部作の完結編でもあるため少なくとも「カイロ・レンを中心としたファースト・オーダーとレジスタンスの攻防」に１つの決着が付くことは間違いないだろう。

独断的見解で無責任に想像すると、カイロ・レンとレイの対決、スノークとルークの対決などが描かれるのではないか？「シスの復讐」のようにある程度の決着はあるものの、大きな謎や問題は残したまま終わる可能性もある。その場合はさらなる3部作の製作が確実となるだろう。

もともとルーカスが１９７７年当時に考えていた構想は全12部作だったし、あらすじもすでにあるため、「エピソード９」の公開が済んだ段階で、「第４の３部作」の計画が公表される可能性は高いと思う。

■スター・ウォーズ・ストーリー３（ボバ・フェット）

スピンオフ2で予定されていた、ジョシュ・トランクの「ボバ・フェット・ストーリー」のアイデアは、トランクの降板によって破棄されたかに思えたが、ルーカスフィルム会長のキャスリーン・ケネディは、「ボバの物語はいずれ作りたいのよ。そのアイデアがなくなったってことはないわ。いずれ映画にするし、たぶん２０２０年になると思うわ」と語っている。これは公式な発言ではないが、ケネディの発言であることは間違いないので、スピンオフ第3弾は「ボバの話」になると見ていいだろう。

ボバの場合、「ジェダイの帰還」でサルラックの穴に落ちて死亡したことにはなっているが、その後、穴から脱出したことになっているため、「その後の物語」にもできるし、「ジェダイの帰還以前」ということで生い立ちから描くことも可能だ。

一方で「若き日のオビ＝ワン・ケノービ」の物語を作りたいという意向もルーカスフィルムは持っている。これは「エピソード4以前」ならば何とでもできるし、プリークェル3部作でオビ＝ワンを演じたユアン・マクレガーが再びオビ＝ワンを演じることに超乗り気なため、オファーさえすれば彼のスケジュールは簡単に押さえられるはずだ。

「オビ＝ワンならいっそのこと3部作にしては？」との声もあり、2020年にいったん映画製作が落ち着くあたりで、次の本編3部作への場つなぎ的に「オビ＝ワン3部作」という形で埋めてくる可能性もある。とはいえ、スピンオフならばヨーダ、ベイダー、ジャバ、ターキン、パドメなどいくらでも作ることは可能だし、「クローン・ウォーズ」の時期のエピソードを実写で描くことも可能だ。

このあたりは、ファンの要望次第ということもあるだろう。いずれにせよ、映画的な成功、そしてファンからの評価が一定以上の水準に保たれる限り、スター・ウォーズの製作は無期限で続けられていくことになるだろう。

エピソード8で誰かが復活？ デジタル・カッシングが示唆するもの

キャッシングの話ではなくカッシング。シリーズ第1作「新たなる希望」でモフ・ターキン総督を演じたピーター・カッシングのことである。

２０１６年末に公開が予定されているスター・ウォーズ初のスピンオフ映画「ローグ・ワン」は、「新たなる希望」のオープニングク・ロールで言及されている以下の出来事を映像化するものだ。

銀河に内乱の風が吹き荒れていた時。凶悪な銀河帝国の支配に対し、反乱軍の宇宙艦隊は秘密基地から奇襲攻撃を仕掛け、初めての勝利を手にした。

戦闘のさなか、反乱軍のスパイは帝国の究極兵器に関する秘密の設計図を盗み出すことに成功した。それは「デス・スター」と呼ばれ、惑星を丸ごと粉砕できる破壊力を兼ね備えた武装宇宙ステーションだった

この「デス・スター設計図の入手作戦」が物語の骨格になるそうだが、その中心は反乱軍の兵士たちということになる。一方で敵対する帝国軍も描かれることになるし、盗まれた設計

図を見つけ出すためにベイダーがボバ・フェットなどの賞金稼ぎを雇う、という噂もある。いずれにせよ、デス・スターはターキンの肝入りプロジェクトでもあるから、彼が登場する必然性は大いにあるわけだ。

さて、ターキン総督はこれまでに「エピソード3 シスの復讐」と「エピソード4 新たなる希望」の2作品に登場しており、「3」ではウェイン・ピグラムが演じ、映画の最後にちらっとだけ登場した。そしてもちろん「4」ではピーター・カッシングが演じたのだが、「ローグ・ワン」は前述したように「4」の直前の物語だ。だからもし「ローグ・ワン」にターキンが登場するなら、その外見は「ピーター・カッシングにそっくり」または「似ている俳優」であるべきだし、そうした俳優が起用されるのが順当なところだろう。ところがだ! なんと「ピーター・カッシング本人をデジタル技術で再現して出演させるのでは?」という話がまことしやかに今ささやかれているのだ。

そんなことできるのか? と一瞬思ってしまうが、実はこれが「エピソード2」の段階で部分的にだがすでに行われていた技術なのだ。たとえばデックスの店でデックスと再会して抱き合うオビ＝ワンは「頭部以外はCG」だったし、ジャンゴ・フェットにカミーノで引きずり回される場面は顔も含めてオビ＝ワンはCGだった。

前者の場合、これはフルCGキャラクターとの共演を「自然に見せるため」の手段であり、後者の場合、「危険なアクションをCGで代用させる」という安全策としてだったが、結果的に「CGでも実物と遜色ないレベル」になってきたことを証明することにもなった。

そこでルーカスは、「デジタル俳優」の可能性について考えるようになったし、たとえばジョン・ウェインやマリリン・モンローといったすでに故人となった名優をデジタル技術でスクリーンに蘇らせることも可能になると2002年に発言している。このアイデアに大衆は当時、猛反発した。大半はこうだ。

「歴史的な名優を現代の役者たちと共演させたりするなんてバカげている」

「現在活躍している俳優たちの雇用の機会を奪う暴挙だ！」

といったもので、それはごもっともな意見だった。こうした批判に対しルーカスは、「テクノロジーの進化を止めることはできないよ。でも演技というものは人間によって生み出されるものだからね」と答えている。技術的な発展による成果は肯定しながらも、それによって、「デジタル俳優が生身の俳優の代わりとなっていくことには否定的なスタンスであることを示した。

その後、「CGと俳優の関係」は少し変わった形で発展していった。2010年に公開された「トロン・レガシー」は、1982年の「トロン」の続編だったが、ここに第1作の主人公フリンを演じたジェフ・ブリッジスも出演していた。そして彼は「現在のフリン」と「30年前のフリン」の2つのキャラクターを演じた。現在の姿はそのままだったが、「30年前」の姿は「CGによって若返らせた」のだった。

これは業界にとっても衝撃的な成果だったし、映画の可能性を拡大させる技術だった。2015年に公開された「ターミネーター：新起動／ジェニシス」では、現在のシュワルツェネッガーと若い頃のシュワルツェネッガーが対決するという場面が描かれた。また、「アントマン」では、80年代の場面で「CGで若返ったマイケル・ダグラス」がハンク・ピム博士を演じ、「特殊メイクで老けたヘイリー・アトウェル」演じるペギー・カーターと共演している。

モーション・キャプチャー技術の発展にも触れておこう。たとえば「アイアンマンのスーツ」や「ファンタスティック・フォー」の主人公たちなど、これまで衣装やメイクなどで処理しがちだった視覚効果を、CGで作り上げたキャラクターに俳優がモーション・キャプチャーで演じた映像を基に動きを与えるなどして作り上げていくケースが増えた。

代表的なのがピーター・ジャクソン監督の「ロード・オブ・ザ・リング」における「ゴラム」だろう。このキャラクターを演じたアンディ・サーキスは、モーション・キャプチャー役者として活躍し、同じジャクソン監督の「キング・コング」ではキング・コングを、「猿の惑星：創世記（ジェネシス）」ではフルCGのチンパンジー、シーザーを演じている。

もう1つ、2013年のイギリスのCMに登場したオードリー・ヘップバーンの画期的な例もある。イタリアを舞台にしたチョコレートのCMに登場したオードリーは、フルCGで再現された「デジタル・オードリー」だったが、これはまず、オードリーのそっくりさんを探してきて演技をさせ、その顔をCGによって本物のオードリーそのものに近づけて差し替えたものだった。

その土台となったオードリーは「ローマの休日」での彼女であり、衣装もまったく同じだった。これは「ローマの休日」の著作権が失効しているため自由に使えるから、という業界の裏事情によるものだろう。


このような流れの中で、今や「デジタル俳優」は、「若返り」「クリーチャー」「過去のスター」という様々な形で実現してきている。そしておそらく噂されている「デジタル・ピーター・カッシング」の話は、こうした背景から必然的に出てきた話なのだと思う。

シリーズ第1作「新たなる希望」が世界じゅうのファンにとって特別な存在であり、その一部が修正された特別篇でさえ、現在では非難の対象になっていることから考えると、「ローグ・ワン」にターキン総督が登場するとしても、それは限りなくピーター・カッシングに似ていなければならない。そこで「いっそのことカッシング本人を出してしまえ」と発想することも、現代の技術の発展を考えると、ある意味自然な流れなのかもしれない。

そしてここからは推論でしかないのだが、この「ローグ・ワンにデジタルのカッシングを出演させる」という発想には、もう1つ大きな理由があるのではないかと考えている。

それは「エピソード8にデジタル復元したアレック・ギネスをオビ=ワンとして登場させるのではないか?」という可能性だ。

過去のスター・ウォーズ6作品で、いわゆる「霊体」として画面に登場したキャラクターは3人いる。ヨーダ、ダークサイドから抜け出したアナキン、そしてオビ＝ワンだ。

ヨーダは「エピソード2」からフルCGになったので、彼を今後の作品に登場させることは容易だ。そしてアナキンは、2004年に発売されたDVDボックスから「エピソード2」と「3」でアナキンを演じたヘイデン・クリステンセンのバージョンに差し替えられているから、これもまた霊体での再登場は難しくないだろう。問題はオビ＝ワンだ。

若きオビ＝ワンを演じたユアン・マクレガーは、再びこのキャラクターを演じることには超乗り気で、「機会さえあればぜひ演じたい！ 連絡を待っている！」と発言しているが、同時に「これからの作品にファンはアレック・ギネスのオビ＝ワンを求めるだろうから僕の出演は難しいだろうね」とも語っている。

しかし、そもそも今後の作品にオビ＝ワンが登場するとしたら霊体以外にはありえないし、その場合、普通に考えればヨーダにその役割を担わせるほうが簡単なはずだ。それでもあえて「霊体のオビ＝ワン」を出演させる意味はどこにあるのだろうか？ その理由を少なくとも現時点では2つ挙げることができる。

1つはスター・ウォーズというコンテンツが持つ「技術革新の立役者」というポジションだ。第1作における、オプチカル・プリンターによる特殊視覚効果の革新に代表されるように、スター・ウォーズは作品ごとに、ゴー・モーション、トラベリング・マット、アニマティクス、ビデオ・マティックス、バーチャルセット、ドルビーサラウンドＥＸといった新技術を披露してきた。

公開間近の「フォースの覚醒」でも、世界じゅうをあっと言わせたＢＢ‐８に代表されるように、随所に新技術が盛り込まれているのだ。したがって前述した「デジタル俳優」、特に「故人のデジタル再生」という技術をメインストリームの娯楽映画で実現させることは業界的には大きな意味を持つし、たとえば「ローグ・ワン」で「そっくりさん」ではなく「ピーター・カッシング本人」が登場することになれば、ファンたちは感慨にふけりながら歓迎すると思われる。根強いファンを持つスター・ウォーズだからこそ、彼らが拒絶する可能性は低いのではないかと思う。

２つ目の理由は「ストーリー上の必然」である。「フォースの覚醒」に登場するカイロ・レンは、ダース・ベイダーに対して強い執着を持っていることが明かされているが、これは彼が「スカイウォーカーの血筋」であるからという見方が有力だ。具体的にはハン・ソロとレイアの間に生まれた子供の１人だろうと見られている。

一方で、女性主人公であるレイも同じ血筋で、だから彼女はカイロ・レンの親せきである可能性が高い。いずれにせよ、レイはベイダーに傾倒するカイロと対立し、最終的には不本意ながらライトセーバーを手にして戦う道を進むことになるようだ。

さて、レイがフォースを極めていく過程には当然ながら導き手が必要となるし、これはルークが務めることになるだろう。そして、前述した「カイロのベイダーへの執着」という問題を解決していくためにも、彼女はベイダーの生涯に関して深く学ばなければならないはずだ。しかし、ルーク自身は己の父親をダークサイドから引き戻したとはいえ、直に接した時間はごくわずかしかない。

というわけで、レイがジェダイとしての修業を積み、ベイダーに関しての情報を得ていくという展開になるのであれば、必然的に「ベイダーについて語る人物」の登場となるはずだ。その場合、もちろんベイダー本人、つまりアナキンが現れて事情を話すことがあってもいいと思う。しかし、アナキンの親友であり、そもそも「指導を誤った張本人」でもある老オビ＝ワン・ケノービが悔恨と共に語り、それが「アレック・ギネス本人」だったら、観客へのインパクトは最大級のものになるだろう。

もちろんその場合は、ギネスの遺族に十分な「出演料」が支払われるだろう。この場合、ベースとなる演技を誰かが行うことになるが、これはモーション・キャプチャーによる撮影になるはずだ。モーション・キャプチャーによって合成される映像は、衣装であったり、クリーチャーの外見であったりしてきたが、それが「アレック・ギネスの外見」であってはいけないという理屈はないのだ。

実は今回の「フォースの覚醒」では、前述したモーション・キャプチャーの達人アンディ・サーキスが、ＣＧキャラクターであるスノーク最高指導者として出演しているが、彼の起用は「キャラクターを演じるだけでなく、モーション・キャプチャー技術における協力」も含まれたものである。実際、サーキスはモーション・キャプチャーに特化した会社「イマジナリウム・スタジオ」の創設者であり、単なるモーション・キャプチャー俳優ではなく、その専門家なのだ。

こうした背景、そして、まことしやかに囁かれている「デジタル・ピーター・カッシングの登場」の噂から類推するに、「エピソード8」での「アレック・ギネスの登場」も大いにありうる話なのである。

女性ファンの急増といじめの問題

■女の子だってスター・ウォーズが好き!

2014年2月にニューヨークで開催されたメルセデス・ベンツ・ファッションウィークで、センセーションを巻き起こしたブランドがあった。ニューヨークを拠点として展開し、2005年の秋冬コレクションでデビューを飾った新鋭ブランドのロダルテが、スター・ウォーズをテーマにしたドレスのコレクションを発表したのだ。

ロダルテは、2008年の春夏コレクションで、宮崎駿監督の「千と千尋の神隠し」に登場するヒロイン千尋にインスパイアされたコレクションを発表したこともあるが、それは主としてカラーコレクション的に影響を受けたものだった。しかし今回のスター・ウォーズのコレクションは、ルーク・スカイウォーカー、ヨーダ、R2と3POといったキャラクター、また、デス・スターやタトゥイーンの二重太陽などを大胆にプリントしたドレスで、それゆえ世界じゅうのメディアが驚きと共に紹介したのだった。

その3か月後には、同じくニューヨークで開かれたメトロポリタン美術館のガラパーティで、女優のキルスティン・ダンストがロダルテの「デス・スター・ドレス」を着てレッドカーペットを歩いたものだから、またまた世界のメディアが驚きと共に報じた（P13参照）。このMETのガラパーティは『VOGUE』アメリカ版の名物編集長アナ・ウィンターが主催して毎年5月に開かれる。世界じゅうからあらゆるセレブが集まることでも知られているが、デス・スターの威力も手伝ってか、キルスティンは大いに注目を浴びていたのだった。

このロダルテの創始者であるケイトとローラ・マレヴィ姉妹は、熱狂的なスター・ウォーズ・ファンで、幼い頃は物語に夢中になり、大人になるにつれてその美術などビジュアル面に魅せられていったという。スター・ウォーズ・ドレスには、そんな彼女たちの「幼少期へのノスタルジー」が込められているのだという。

スター・ウォーズというと、やはり男性ファンが圧倒的と思われがちだが、近年では女性ファンが増加というかカミングアウトというか、とにかく急激に増えてきている。

これには2つの大きな理由があると思う。1つは、2008年にスタートしたアニメ「クローン・ウォーズ」に主人公の1人として、アソーカ・タノという女性キャラクターが初めて登場したことだ。もちろん、これまでの映画シリーズにもレイアやパドメといった女性主人公たちがいたし、彼女らは「強い女性」でもあった。しかし、アソーカの場合は違っていて、彼女はジェダイである。「ジェダイに守られる側の女性」ではなく、「人々を守るジェダイ」側だった。そういった意味では、戦士としての初の女性主人公だったわけで、彼女の登場は多くのファンにとって新鮮な驚きだったし、特に女性ファンから熱狂的な支持を獲得した。

そしてアソーカの声を担当した女優のアシュリー・エクスタインは、スター・ウォーズを中心としたSF映画の女性向けアパレルブランド「Her Universe」を2009年に立ち上げ、それまで男性向け、あるいはユニセックスのものが中心だったスター・ウォーズのアパレルの世界に「女性専用グッズ」を提供し始めた。

この「Her Universe」の成功が直接のきっかけではないが、ユニクロにせよH＆Mにせよ、多くのアパレルブランドが女性用のスター・ウォーズTシャツを販売し始めたのは、女性のファン層の存在が明確に認識できる時代になってきたことに加え、その背景にアソーカ・タノの成功があったことは間違いない。ファンであるかないにかかわらず、今やスター・ウォーズ関連のファッションは多くの女性たちに愛用されているのだ。まったく時代は変わったものだ。

■SW好きな女の子へのいじめ

もう1つの理由は、これまで潜在的にスター・ウォーズ・ファンだった女性や、あるいは熱狂的なファンだった女性が、その事実を表に出すようになったこともあると思う。こうした流れを作った1つの出来事として「女の子のファンに対するいじめ」が大きなきっかけになった。

2010年の夏、シカゴに住む小学生ケイティ・ゴールドマンちゃん(当時7歳)はお母さんのキャリーさんと新学期のための買い物に出かけた。ケイティは、スター・ウォーズが大好きで、スター・ウォーズのバックパックと水筒を買った。そして新学期が始まると毎朝、その水筒にケイティは飲み物を入れて学校に出かけていったという。

ある日、ケイティはお母さんに「この水筒は自分には小さいからほかの水筒を持っていきたい」と言いだした。そしてピンク色の水筒を食器棚から見つけて「これにする」と言うのだが、その水筒はどう見てもスター・ウォーズの水筒よりも小さいものだった。そのことを指摘しても、ケイティはピンク色の水筒にこだわった。

お母さんは理解に苦しみ、納得がいかなかったのでさらにケイティを問いただした。すると突然、ケイティはセキを切ったように泣き出してしまった。そして、泣きながらケイティは事情をお母さんに明かした。ケイティは学校でスター・ウォーズの水筒を使っていることで、毎日男子生徒たちからいじめられていたのだ。

「スター・ウォーズは男向けの映画だ。女が好きなのはおかしい」

それが理由だった。ケイティはくり返されるいじめに耐えていたが、ついに耐えかねて大好きな水筒を使うことをやめることにしたのだという。お母さんのキャリーはケイティを強く抱きしめ、そして悲しい気持ちになって深く考えたという。ケイティをいじめた子供たちは、それぞれがとても性格がよくて、普段はケイティと一緒に遊ぶこともしばしばあったのだそうだ。

「普通と違う」という点でいじめられたことは確かだったし、それゆえキャリーさんはケイティに「ほかの人と違っていてもいいんだよ」と諭したそうだが、ケイティは「これ以上人と違うのは嫌だ」と言う。クラスの中で眼鏡をかけているのはケイティだけ。養子として家族を形成していたのもケイティだけ。もう十分ほかの子供たちとは違う。だからスター・ウォーズの水筒をやめてピンクの水筒にするんだと言うのだ。視力、そして養子であること。この2つはケイティには変えようのない事実だった。そして水筒だけは彼女の意思で変えることができることだったのだ。

キャリーさんはこのいじめがどこから来るのかを考えた。彼女自身もこれまでに多くのいじめを目撃してきていた。貧富の差、人種、ゲイ、その他諸々の数多くの「違い」が攻撃の対象とされてきた。「人と違う」ということによっていかに多くの人がそれを「恐れ」、そして「忌避する」かということを思い返したという。そして「大人がそうであるなら、子供も同じだ」

と考えた。

ケイティの同級生の場合、それが「スター・ウォーズの水筒」だったのだ。「普通と違う。そしてそれは変だ」という子供の認識がいじめの原因となっているならば、その認識こそが「間違っている」ことを理解させればいいと考えた。だからキャリーさんはケイティに、「もしケイティが本当はスター・ウォーズの水筒を使いたいならそうするべきだ」と勧め、それが「変ではないこと」を全力でサポートすると勇気づけた。最終的にケイティはスター・ウォーズの水筒を使い続けることにし、それでいじめられるとしても間違っているのは「いじめる側だ」と信じる勇気を持つことができたのだそうだ。

後日、キャリーさんはこのエピソードをブログで紹介し、たちまち全米のメディアが飛びつき、それは世界じゅうへと飛び火していった。多くの女性スター・ウォーズ・ファンがケイティを励まし、同じような体験の告白や、アドバイスを送り、スター・ウォーズ公式サイトでもこの話題が取り上げられるようになった。

501stはケイティのために子供用のストームトルーパーのコスチュームを作りそれを贈呈した。（P14、P134参照）このコスチュームはやがて同じようないじめに遭った女の子へと引き継がれていくことになる。

スター・ウォーズに限らず、SF映画は昔からマニアックな領域の趣味と見なされてきたし、男の子でさえもSFファンは「ひ弱な軟弱者」という先入観を持たれ続けていたものだ。

それが一躍一般化したのは1977年の「スター・ウォーズ」の公開以後のことではあるが、それでもこうした先入観はいまだに払拭されているとは言い難いだろう。

そういった意味では、SFファンの多くは少年時代にはマイノリティ扱いを受けてきたし、女の子の場合、それはさらなるマイノリティだった。時代と共にスター・ウォーズのファン層は拡大し続けてきたが、それを認識して受け入れるほど、世の中は時代の流れに追いついてはいない。

実際、道徳教育などで、人種、性別、障害などを起因とした差別はよくないこととされてきているが、現実にはそうした差別は依然として存在している。大人の場合、弱者が立ち上がって告発することで解決する場合もあるし、逆に、弱者であることを武器にして我が物顔に振る舞ってリベンジするやからもいるだけに複雑な問題だ。

だが、子供たちの場合、彼らはたんに知識がないだけだし、その価値観は親を中心とした周囲の環境によって育まれるものだ。親が他者を見下す傾向のある家ならば、子供もそのように振る舞う。逆に、周囲の人間関係によってそれが是正され、親共々子供の持っていた価値観が修正されていくこともある。

ケイティの場合、母親のキャリーさんが取った行動はこうした観点から周囲の環境や意識の変革を促すこととなった。これは多くの示唆を含んだ展開だと言えるだろう。キャリーさんはその後この体験を書籍にし、全米規模でいじめ問題に取り組んでいる。多くのスター・ウォーズ・ファンが集う「スター・ウォーズ・セレブレーション」でも彼女の講演が行われた。

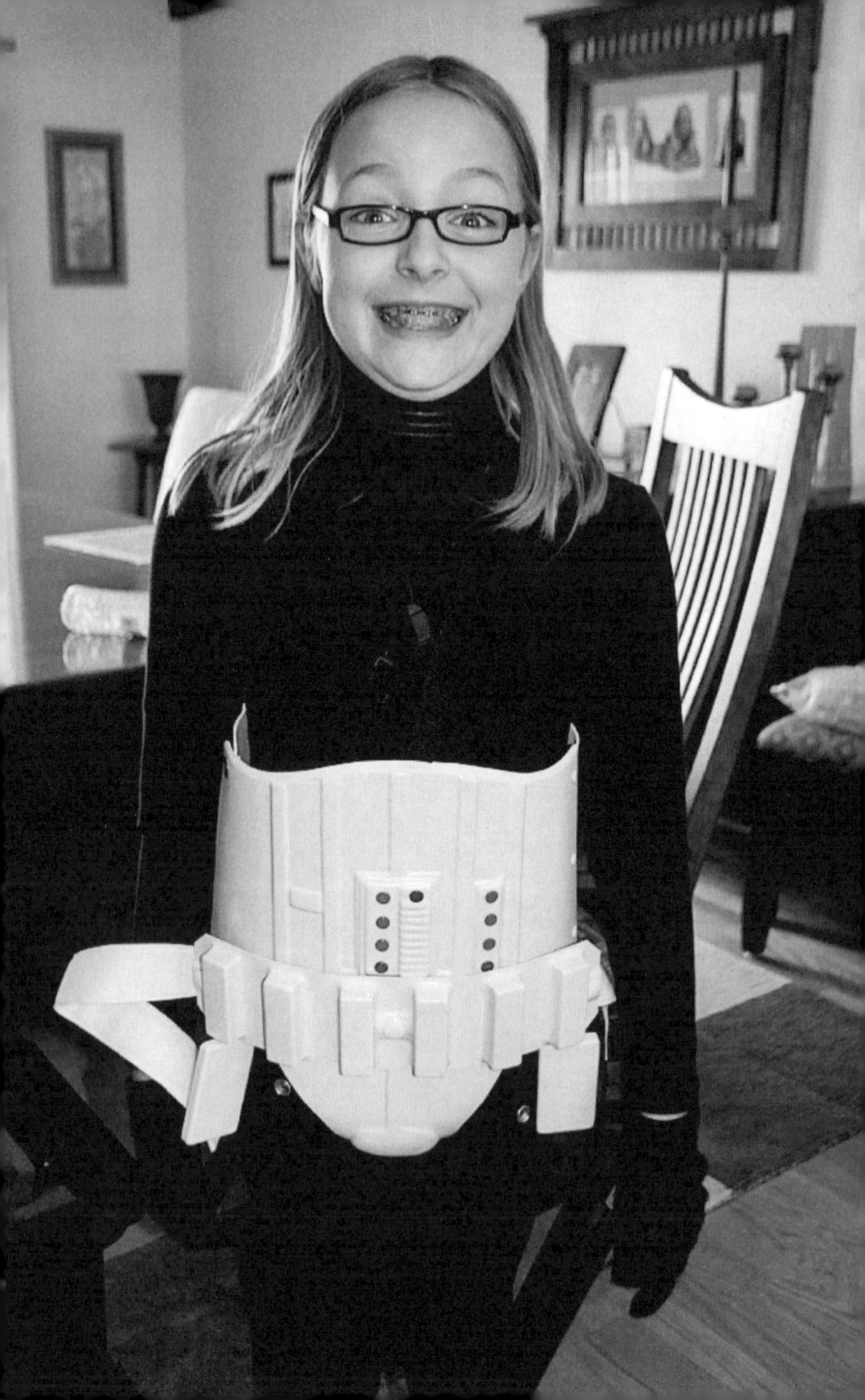

ケイティに特製コスチュームを
贈呈するために集まった
「501stミッドウエスト」部隊の面々。

▶緊張と感動のケイティちゃん。

ケイティがいじめに遭ってから5年……。今、彼女はどうしているだろうか？　母親のキャリーさんに話を聞いた。

「ブログを書いたあとに起きた、スター・ウォーズ・ファンからの反応にはビックリしました。私もケイティも、スター・ウォーズのコミュニティがこんなにも深く互いに支え合っているということがにわかには信じられないほどでした。私たちはこのコミュニティやルーカスフィルム、コミック・コンベンションなどで実に多くの素晴らしい友人たちと出会うことができました。ケイティがいじめに遭ってから5年が経ちましたが、人々は今も『ケイティはどうしてる？』と尋ねてくれます。みんな彼女のことを覚えてくれています」

さらにこう続けた。

「あるファングループは、3000ものケイティへの励ましのメッセージが書かれた本を贈ってくれました。去年、ケイティは学校でつらい思いをした時期がありましたが、ケイティはこの本をいつも持ち歩いて、人々から送られた親切なメッセージを読み返していました。そのおかげで、あの子は大変な時期を乗り越えることができたのです。今年はケイティにとっていい年になるでしょう。なんといってもエピソード7が公開になりますからね！」

このたび公開される「フォースの覚醒」は知っての通り、女性が主人公だ。だから今後も女性ファンは増加していくことだろうし、それに伴ってこうした「男女の違いから生じるいじめ」の数は減っていくことだろう。しかしそれはあくまでもスター・ウォーズに限ってのことだ。いじめという問題は雑草のようなもので、時と共に次から次へと発生していくものだ。そして、たとえばワカシ→イナダ→ワラサと成長してブリになるように、「いじめ」も年齢が上がるにつれて巧妙化し、本人でさえ自覚がないまま各種の「ハラスメント」となって存在し続けるのだ。

しかしスター・ウォーズ・ファンならば、このケイティの問題から多くを学ぶことができるし、主義主張などという大それたものではなく、単に「これが好きだ！」という感情はその対象がなんであれ、自信を持っていいことなのだと子供たちに語って聞かせればいい。そして、もし身近な子供が悩んでいるならばその子を断固支持し、もしいじめっ子が身近にいたならばやさしく諭して認識を改めさせればいいと思う。プライドが高い大人はともかくとして、子供には「それが正しくて真にかっこいいこと」を理解させれば、素直に聞く耳を持っているからだ。

ディズニー時代を迎えたスター・ウォーズに起きた変化とは？

■さようならフォックス！

ルーカスフィルムがウォルト・ディズニー・カンパニーに買収されたことから、スター・ウォーズの配給会社も20世紀フォックスからウォルト・ディズニー・スタジオに移行することになった。そのため、スター・ウォーズではオープニングの恒例となっていた20世紀フォックスのファンファーレが、映画の冒頭に付くことは今後なくなってしまったのだ。この事実はスター・ウォーズのファンの多くを悲しませることとなった。

そもそもこのファンファーレ、もともとは作曲家アルフレッド・ニューマンが１９３３年にダリル・F・ザナックが設立した20世紀映画社のタイトル用にザナック自身の依頼で作った曲で、１９３９年にＦＯＸ映画社と合併して社名が「20世紀フォックス」となったあとでも使われていた。

その後、ワイドスクリーン時代が到来し、ＦＯＸも独自の「シネマスコープ」という方式を売り物にしていくのだが、１９５４年に会社のロゴの直後に「20th Century-Fox presents CinemaScope Picture」というタイトルをシネスコ作品に追加することになった。そこでファンファーレも少し延ばす必要が生じ、「帰らざる河」のオープニング用としてロングバージョンが作られた。そして以後、同じ音源がくり返し使われることとなった。しかし、1960年代から70年代にかけて、配給会社のロゴを使用すること自体が業界では流行らなくなったため、このファンファーレも長い間お蔵入りしていた。

1977年、ルーカスは、スター・ウォーズを公開する際、観客に「古き良き時代の娯楽映画の復活」を印象づける意味も込めて、このカンパニー・ロゴの使用を復活させた。そのルーカスの意向を受けたジョン・ウィリアムズは、スター・ウォーズのメインテーマをフォックスのロゴと同じ、変ロ長調で作曲したという。その結果、フォックスのファンファーレが高らかに鳴り響いたあと、一瞬の静寂を経て今度はスター・ウォーズのテーマが奏でられることに。その際、観衆はこの2つの曲を何の違和感もなく、流れるように聴けるという効果をもたらした。

そして、この映画会社のロゴ自体も、スター・ウォーズの公開をきっかけに、フォックスだけでなくその他のすべての会社が復活させるという結果になった。そんな由来があるだけに、「スター・ウォーズとフォックス・ファンファーレ」は切っても切れない関係にあったのだが、前述した事情により「切らざるをえなく」なってしまった次第である。

では今後、オープニングはどうなっていくのだろうか？ ディズニーといえばシンデレラ城のオープニングで知られているため、ファンの中では「シンデレラ城で始まるスター・

ウォーズなんて……」と心配している声もある。しかし、その心配はないようだ。2015年6月に開始されたディズニーによる旧6部作のデジタル配信では、「エピソード4」を除いた作品のオープニングが「ルーカスフィルムのロゴ」だけになっており、「エピソード4」に関しては「フォックスのファンファーレ付き」の旧来のバージョンだったからだ。

なぜ「エピソード4」だけにフォックスのファンファーレが付いているのかというと、実はこの作品だけフォックスが永続的に権利を保持しているからだ。これは、第1作の製作費をフォックスがすべて負担したことによる当然の権利だったのだが、ルーカスフィルムはその後、ある程度の権利を買い戻している。しかしその中には配給権は含まれていないようで、それゆえこういったややこしい形になってしまっているわけだ。

さて、「エピソード4」以外の作品のオープニングだが、ここにはルーカスフィルムのロゴに旧作の音楽を編集したものが充てられていた。これが「今後もこのパターン」なのか、「新しいファンファーレ」ができるまでの暫定的な措置なのかは不明だが、希望としては後者であってほしいと思っている。そして、たとえばフォースのテーマなどが厳かに始まってメインテーマに自然につながる形になっていくのであれば、シンデレラ城が付いていてもかまわないとさえ思う。もちろん、変ロ長調であることが大前提だが。

■公開時期が夏から冬に……

2012年10月にルーカスフィルムのディズニーによる買収が発表された際、新たに製作される「エピソード7」の公開は2015年の5月とアナウンスされていた。これが13年11月になると「スケジュール上の遅れから公開は12月に」変更となった。

これまで全6作品が5月に公開されていたため、製作陣もどうしても5月に公開したい意向が強かったようだが、そもそもこの月には同じディズニーの大作「アベンジャーズ／エイジ・オブ・ウルトロン」が公開予定だったため、あまりにも公開日が近いのはよくないのでは、という声も当初からあった。そのため「12月18日に公開」という変更は意外にすんなりとファンたちにも受け入れられたようだった。

まあ、そもそもシリーズの第1作である「スター・ウォーズ」も、当初は1976年の12月公開予定だったが、撮影が遅れたために翌年の5月に先送りされたという過去がある。だから、巡り巡って今回、当初の目論みであった「クリスマスシーズン」での公開に初めてなったわけなのだが、これによって困った問題が、ほかならぬ日本で起きた。

第1作の「約1年遅れの公開」は例外としても、過去のその他の5作品は常に日本では本国公開の約1か月後、つまり「6月下旬」に公開されてきた。この1か月遅れの公開のメリットはこんな感じだ。

・全米のほか、世界じゅうでの大ヒットと大フィーバーの熱気を背景に満を持して公開できる。
・全米での事前プロモーションが終わったあとなのでスタッフやキャストの来日が実現し

やすい。

・秘密主義で知られる作品なだけに全米公開後は多くの情報が解禁になるためこれまたプロモーションがしやすい。

ところが12月18日公開となると、仮に1か月後の公開だと1月中旬になってしまう。いわゆる「お正月映画」という区切りで言っても、かなり後発の作品となってしまうため、スター・ウォーズにはふさわしくない。そして1週間後だとしてもクリスマスにもろにぶつかってしまうし、お正月もすぐだ。だから今回は「同時公開」ということになったのだが、これは苦渋の決断だったそうだ。

来日プロモーションも変則的なものになるだろうし、なによりプレミア試写会を行うことが、字幕作成作業などを考慮するとかなり難しい状況だと思う。

はたしてどうなることやら……なのだが、2017年公開の「エピソード8」は5月公開予定なので、また普通りの展開になりそうだ。やっぱりこのほうがスター・ウォーズはしっくり来る。

■スター・ウォーズは「ファンが作る映画」に

この見出しの例の筆頭が、監督のJ.J.エイブラムスだ。彼はもともとスター・ウォーズの大ファンで、それゆえファンとしての自身の思い入れもあって当初は監督への就任を固辞していた。J．Jはリブート版の「スター・トレック」の監督として成功したことでも知られるが、「スター・トレック・シリーズ」に関しては「ほとんど見たことがなかった」そうである。だからリブート版を作るにあたっては熱烈なスター・トレックファンだった脚本家の2人にアドバイスを受けながら作ったのだそうだ。

このある種「客観的に熱烈なファンを持つシリーズに携わった」ことが成功した理由でもあると思うし、そういった意味ではスター・ウォーズではその「客観性」を保つのが難しいとJ．Jは感じたのだと思う。

実際、監督就任を拒否した当時は、「一ファンとして観ていたい」とも発言していた。その後、ルーカスフィルム社長のキャスリーン・ケネディの説得で彼は翻意したのだが、その決定的な一言が、「ねえ、結局ルーク・スカイウォーカーって何者なの？」というケネディの問いだったところが笑える。この一言でスター・ウォーズ・オタクとしての血がぐつぐつと煮えたぎってしまったのだろう。

もう1つの例は「R2-D2」にまつわるものだ。世界じゅうにファンを持つスター・ウォーズだが、ファン団体も当然ながら数多く存在する（P105参照）。その中で特にR2-D2に魅せられて、自分自身で「作ってしまおう！」というグループもある。「R2ビルダーズクラブ」がそれで、彼らはコツコツと部品を集めながら実物大のR2-D2を作っているファン団体で日本にも支部がある。

彼らは世界じゅうのスター・ウォーズ・ファンが集まる「スター・ウォーズ・セレブレーション」(P4、P10、P15参照)などのイベントに精力的に参加し、二十数台というような多くのR2を会場で展示するだけでなく、子供たちのために「R2レース」を披露したりしている。これは文字通り、複数のR2を一斉にスタートさせて順位を競うレースで、壮観な光景だ。

2013年には、ヨーロッパでは2回目となる「セレブレーション・ヨーロッパ2」がドイツで行われたが、ビルダーズクラブも出展し、ヨーロッパ中のR2が集まって展示されていた。そこを訪れたのがキャスリーン・ケネディで、彼女は居並ぶR2の前で記念撮影に興じていたという。この時、イギリスからはリーとオリバーという2人の青年が参加していたが、オリバーがケネディに半ば冗談でこう言ったそうだ。

「R2ビルダーズはイギリスにもおりますので必要とあらばいつでも!」

これをただの冗談として受け流さなかったところがケネディのうまいところだと思う。彼女はこのことを覚えていて、撮影を開始するにあたって、スタッフとして彼らをエクゼクティブ・プロデューサーのジェイソン・マクガトリンに推薦したのだ。結果、マクガトリンはリーとオリバー2人に連絡を取り、彼らは正式にR2担当となった。

実のところ、これは非常に経済的な判断でもある。これまではR2は、ILMのスタッフがR2マスターであるドン・ビーズを中心に操作してきた。だからイギリスのスタジオで撮影する際には彼ら全員を渡英させなければならないし、必要な機材も一式イギリスに運んでおかなければならない。しかし、ビルダーズクラブの2人を雇えば、彼らは地元だし機材もすでにそろっている。だから経費としては彼らのギャラと運搬費用くらいのものしか発生しないのだ。さらに「ファンをスタッフとして雇用した！　しかもR2で！」という話題はファンに対して絶大なアピールにもなるし、実際このニュースは世界じゅうに広がった。

こうした例は特殊な例のように聞こえるかもしれない。しかし表沙汰にはなっていないが、スタッフとして「フォースの覚醒」に参加したファンは彼らだけではない。スター・ウォーズのファンであることを出発点として、ある者はCG製作者に、ある者はプロップ（小道具）メーカーに、と多くの人が映画産業を志し、実際に職に就いている。そして、そんな彼らの多くがやっぱり「フォースの覚醒」のスタッフとして名を連ねているというのだ。まあ、熱狂的なファンのこだわりの怖さはファン自身が知り尽くしているだけに、下手なことをしないためにもこれは正しい判断なのだと思う。

■より子供たちのために

1989年、アメリカから2年遅れて日本にも登場した東京ディズニーランドのアトラクション「スター・ツアーズ」。これに初めて乗った時、私はすでに24歳だったが、「スター・ウォーズをテーマにしたアトラクション」というものに心底興奮したものだった。そして周囲のディズニーアトラクションを眺めながら、「スター・ウォーズだけのテーマパークなんて

2015年4月にロサンゼルス・アナハイムで開催された「スター・ウォーズ・セレブレーション7」。

スター・ウォーズのスタッフ、キャスト、ファンが一堂に会する世界最大のスター・ウォーズ祭だ。

ものができたら凄いだろうなぁ」と夢想し、共に訪れた友人たちと「そうだよなぁ」と空しい溜息をついたものだった。

もちろん、この時にはクラシック3部作が完結して間もない頃で、テーマパークを作ろうにも題材となるネタが限られていたし、なにより、ジョージ・ルーカスがそんなテーマパークを作るなんてことはあり得そうもなかった。

それから23年後。2012年のディズニーによるルーカスフィルム買収の報で真っ先に浮かんだのが、「これでスター・ウォーズ・ランド、現実になるじゃん！」だった。ディズニーランドでは、スター・ツアーズ以外にも、子供たちにライトセーバーの使い方を伝授する「ジェダイ・トレーニング・アカデミー」という参加型アトラクションが長年にわたり人気を博しており、フロリダのディズニーワールドでは毎年「スター・ウォーズ・ウィークエンド」と題して約1か月間スター・ウォーズとのコラボイベントを開催していた。

そんな実績があったから、ディズニーがスター・ウォーズのテーマパークを建設することは極めて現実的でもあったし、むしろその可能性があったこと自体も、買収のモチベーションの1つだったのではとさえ思える。

というわけで、当然の流れではあるが、ディズニーは、2015年夏にロサンゼルスとフロリダの2つのディズニーリゾートに、スター・ウォーズに特化したテーマパークエリア「スター・ウォーズ・ランド(仮)」を建設することを発表した。着工は2016年、エリア一帯が新たな惑星という設定で、スター・ウォーズをテーマにしたレストランやグッズ売り場、そしてミレニアム・ファルコンを操縦できるなど数々のアトラクションが用意されるそうだ。

それに先駆けて、近年リニューアルされたばかりのスター・ツアーズも、「フォースの覚醒」の場面を再現した新たな場面を追加する形で、２０１５年のうちにさらにリニューアルされるという。またジェダイ・トレーニング・アカデミーも「スター・ウォーズ 反乱者たち」をテーマにした内容に全面的に刷新され、さらにジェットコースター型アトラクションとして長年人気を保ってきた「スペースマウンテン」も、デジタルプロジェクションを使用したスター・ウォーズ・アトラクション「ハイパースペースマウンテン」へと進化させるのだという。

しばらくの間は、世界じゅうのスター・ウォーズ・ファンである大人たちが中心になってこのテーマパークを楽しむことだろう。もちろん子供たちにもスター・ウォーズに夢中になっている子は多い。それでも彼らはまだ、スター・ウォーズの世界を存分に楽しむには幼すぎるところがネックとなるはずだ。くまのプーさんやミッキーマウスほどの「敷居の低さ」がスター・ウォーズにはまだ足りないからである。

しかしそれは、あくまでも「まだ」という問題でしかない。すでに子供向けのアニメーション「反乱者たち」がスタートし、９月からは早くもシーズン２に突入する。そのあとも、より子供向けのスター・ウォーズ・コンテンツをディズニーが送り出してくる可能性は大いにあるのだ。実際、１９８５年にルーカスフィルムが製作した幼児向けアニメシリーズ「イウォーク物語」や「ドロイドの大冒険」の続編の製作をディズニーが検討しているという話もある。

仮にそのプロジェクトが頓挫したとしても、ディズニーが「子供から大人へ」という形で「反乱者たち→映画シリーズ」という図式を続けていく中で、その前に位置する「幼児から子供へ」というカテゴリーを埋めていかないわけがない。それこそが、ディズニーリゾートに内包される「スター・ウォーズ・ランド」を盤石なものとする必要不可欠なピースだからだ。

そしてこの流れによってスター・ウォーズは、これまでの「SF好きのファンたちのもの」というポジションから、「世界じゅうの子供たちのもの」へと一般化への道を辿っていくだろう。スター・ウォーズが「ディズニー以前」から最も変わったことは、もしかするとこの「未来への可能性」なのかもしれない。

■変化しないこととは? スター・ウォーズは変わらない

抽象的な言い方で恐縮だが、「スター・ウォーズ」こそが「最も変わらないもの」になるだろう。なぜなら世界じゅうのファンがそれを許さないし、変化を無視できるほどスター・ウォーズ・ファンは小さな存在ではないからだ。

ディズニー傘下となり、シリーズの創造主であるルーカスの手を離れた今、ルーカスがプリークェル3部作で描いたような大胆な世界観の拡張は許されないだろう。それはある意味、コンテンツとして致命的な「閉塞感」をもたらすかもしれない。

しかしそれでも、ルーカスが作品を手放し、それを新世代のクリエーターであるJ．J．エイブラムスに託したのは、すでにスター・ウォーズの世界が十分に拡張しており、あとは道を踏み外さない形で展開を続けていけばよい、と考えたからかもしれない。

いずれにせよ、すでにスター・ウォーズはルーカスの監督下からは外れている。それゆえ、今後のスター・ウォーズは今まで以上に「ファンが求めるもの」を周到に提供し続け、同時に世界観が破綻しない程度にささやかな拡充を続けていくことになるだろう。結果的にはそれがスター・ウォーズに「永遠の命」を与えることになる。

この場合、「第一線の映画コンテンツとして」である。だから観客が求め、観客が失望しない限り、クリエーターの世代交代を経ながら、スター・ウォーズは限りなく製作され続けていくことになるはずだ。それだけのことが可能なほど、その魅力は絶大だし、すでに映画界では必須と言われる試練、「時の試練」をスター・ウォーズはクリアしてきている。

また、その時代ごとの最先端の映像技術に合わせたアップデートも、他の映像作品では決して受け入れられない「改変」であるにもかかわらず、ファンの決定的な離反を起こすことなく成功させてきている。だからスター・ウォーズは常にその時代を代表する映像作品として続いてくるだろうし、また常にそれは「観客が求めるスター・ウォーズ」となるはずである。

STAR WARS: THE FORCE AWAKENS
THE LAST CHRESTOMATHY FOR PREPARATION AND REVIEW

特別章

本来、〈2章〉に入るべき内容ですが、詳しく記しておきたいため、あえて巻末に持ってきてあります。

過去作品を把握してから読み進めたい場合は、ここから読むことをお薦めします。

過去6作品ストーリー解説

今年公開される「フォースの覚醒」。正式な邦題は「スター・ウォーズ／フォースの覚醒」だ。当初は「エピソード7」と呼ばれていたが、2014年暮れに副題が正式発表されてからはこの「エピソード7」という表記は鳴りを潜めた。これは「7」という数字が強調され続けてしまうと、このシリーズを初めて観る観客が、

「ってことは、その前に6本も予習しなきゃならないのかぁ……面倒だなぁ」

と思ってしまうことを懸念して外すことになった、と言われている。まあ、そういう思惑もあるだろうが、実際にはその辺の心配はあまり関係なくて、逆にプリークェル3部作の時に「エピソード1」などとエピソード番号を強調していたことのほうが異例だったのだ。

これは、初期3部作が前述したようにエピソード4～6だったことが要因だ。「ファントム・メナス」公開の際に「これはエピソード7ではなくて1ですよ！」ということをはっきりさせるために宣伝でも番号を強調していただけで、それは「エピソード3 シスの復讐」まで続いた。で、今回の場合、すでに1～6まで作品はあるし、副題が発表されるまでは「エピソード7」と呼ばれていたけれども、わざわざこれ以上強調する必要はなくなったからやめたと考えたほうがいい。

だから「フォースの覚醒」の冒頭のクロールにはちゃんと「エピソード7 フォースの覚醒」と表示されるし、この作品が「実はエピソード10なのだ！」とか、「いやいやエピソード6・5なんだよね」なんてことは決してないのである。

というわけで、第1章では過去の6作品について駆け足で説明した概要を、ここではク

ロールと共に、もっと詳しく、分析も交えて過去作のストーリーについて詳細に書くことにする。

エピソード1「ファントム・メナス」

銀河共和国にかつてない混乱が渦巻いていた。

辺境の星系との交易に税を課すべきか否かで議論が続いていたのである。

恐るべき宇宙戦艦の包囲によって問題を解決しようと企てている貪欲な通商連合は、小さな惑星ナブーに対する出荷を全面的に停止したうえに航路をも封鎖してしまった。

次々と発生する非常事態に対して共和国議会は果てしない論争をただ繰り返すばかりの状態だった。その間に共和国最高議長は紛争調停のために、特使として銀河の平和と正義の守護者であるジェダイの騎士2人をひそかに通商連合側に対して派遣したのであった……。


共和国最高議長バローラムの特使としてナブー星域に到着したジェダイマスターのク

ワィ＝ガン・ジンと、そのパダワン（弟子）であるオビ＝ワン・ケノービは、通商連合の司令船に乗船し、総督のヌート・ガンレイへの面会を申し出るが、ガンレイらはナブー封鎖を陰で操るシスの暗黒卿ダース・シディアスの指示に従い、2人を抹殺しようと企てる。毒ガスの攻撃やバトルドロイドらの襲撃を交わしたクワィ＝ガンたちは、連合側がナブーへの侵略を進めるために上陸準備をしているのを格納庫で目撃する。

2人は別々に上陸艇に隠れ、ナブーで再び合流することにする。連合軍はナブーへと侵攻を開始し、アミダラ女王の身柄を確保するために宮殿へと進む。一方、上陸艇を抜け出したクワィ＝ガンとオビ＝ワンは、そこで原住種族であるグンガン族のジャー・ジャー・ビンクスと出会う。ジャー・ジャーの導きでグンガン族の水中都市に逃げ延びた2人のジェダイは、女王の住む宮殿へ向かうための乗り物をグンガン族の長ボス・ナスから借り、案内人としてジャー・ジャーを同行させる。

註◎ジャー・ジャーと初めて対面した時、クワィ＝ガンは「脳なしか？」とひどいことを言うが、実際ジャー・ジャーは思慮の足りない凡人の代表のような存在である。しかし、この「脳なし」が仲間に加わったことで、クワィ＝ガンやアミダラ女王は「アナキンとの出会い」や「グンガン族軍隊との連携」などを実現させている。観客さえもイラつかせる存在であるジャー・ジャーだが、彼の存在なしにはアミダラたちはこのエピソードで描かれる問題の解決は不可能だったのだ。ここにルーカスが本作で描こうとした「共生」というテーマの神髄がある。

クワィ＝ガンらが宮殿に到着した時、女王は側近や侍女たちと共にすでに拘束されていた。彼らを戦闘によってすばやく解放したジェダイたちは、事態を収拾するために女王を共和国の首都惑星コルサントへ連れて行き、議会で証言させる案を提案し、女王らを連れて宇宙船を奪う。ナブー星域の封鎖を突破する際、彼らを乗せた宇宙船はシールドを損傷し、あわや撃墜されそうになるが、アストロメクドロイドのR2-D2の活躍でシールドが復活し、彼らは無事に封鎖を突破することに成功する。

しかし、難を逃れたものの船の損傷は激しく、コルサントへの長旅は不可能だった。そこで修理と当面の間追っ手から身を隠すために最寄りの惑星タトゥイーンへ向かうことをクワィ＝ガンは決める。そこは共和国にも連合にも加わっていない、ギャングのハット族が支配する惑星だった。

一方、ジェダイを殺し損なったうえに、占領の協定書にサインさせるはずだった女王にも逃げられてしまったガンレイは、震えながらシディアスに報告する。シディアスは自身の弟子ダース・モールを派遣して女王らの捜索に向かわせることを決める。

タトゥイーンの町モス・エスパの近郊に着陸したクワィ＝ガンらは、船を修理するための部品を調達するために町へ向かうが、オビ＝ワンは緊急時に備え船に残り、代わりにR2-D2とジャー・ジャー、そして女王の侍女パドメがクワィ＝ガンに同行することになった。町のジャンク屋で彼らは店主ワトーの奴隷アナキン・スカイウォーカー少年と出会う。

パドメはアナキンと会話を交わして仲良くなるが、これが2人の運命的な出会いだった。クワイ＝ガンはワトーと備品の交渉をするが、そもそも共和国通貨が使えないうえに、ジェダイのマインドトリックもワトーには通じなかったため、クワイ＝ガンは苦境に立たされることになる。

ワトーの店をあとにしたクワイ＝ガン一行は、ジャー・ジャーの起こした騒動をきっかけにアナキンと再会する。ならず者セブルバとのいさかいをアナキンが仲裁してくれたのだった。町には砂嵐が迫ってきていたので、アナキンはクワイ＝ガンたちを自分の家へ案内し避難させる。アナキンはパドメとR2-D2に、自分で製作しているプロトコルドロイドC-3POを紹介する。

結局、クワイ＝ガンらはその夜をアナキンの家で過ごすことになる。夕食の席でアナキンは自分が人間で唯一ポッドレースに参加できる能力を持っていると豪語する。そしてクワイ＝ガンはそんなアナキンに強いフォースを感じ、ジェダイとしての素質を見出す。近々開催されるブーンタ・イヴ・クラシックというレースに出場できれば優勝してみせると言うアナキンに、クワイ＝ガンは運命を託すことを決める。アナキンが優勝すればその賞金で船の修理部品を買うことができるからだ。

その頃、タトゥイーンにはダース・モールが到着し、偵察用のドロイドをモス・エスパへと向かわせるのだった。クワイ＝ガンはアナキンの母シミからアナキンの出生の秘密を明かされる。アナキンには父親がなく、シミが自然に身ごもって産んだ子がアナキンだと言うのだ。その夜、クワィ＝ガンはアナキンの血液を摂取、データ化して船にいるオビ＝ワンに分析させる。フォースの強い者が多く持つミディ＝クロリアン数値が、最強のジェダイであるヨーダよりも上回っていることに2人は驚く。

レース当日、クワィ＝ガンはギャンブル好きのワトーに賭けを申し出る。アナキンの乗るポッドレーサーはアナキンが自作したものだが、もしアナキンが負けた場合、それをワトーに進呈するが、勝った場合にはアナキンを奴隷から解放しクワィ＝ガンに渡すことを約束させたのだ。

さて、レース自体は、チャンピオンであるセブルバの手段を選ばない妨害工作によってリタイアする者が続出し、アナキン自身も重大なトラブルに巻き込まれてしまうが何とか回復し、最終的にはセブルバをリタイアに追い込んで初の勝利を飾ることとなる。レース後、ワトーはクワィ＝ガンに渋々ながらアナキンを引き渡すことに同意するが、クワィ＝ガンの背後にはモールが送り込んだ偵察ドロイドの姿があった。

アナキンはクワィ＝ガンから、これからは自由の身で共にコルサントへ赴き今後はジェダイの修業を受けることになると告げられ歓喜するが、母シミが奴隷のままこの星に残ることを知ると沈んだ気持ちになる。母を残しては行けない、と言うアナキンにシミは「あなたの運命はここにはないのよ」と諭し、旅立ちを決意させる。アナキンは「いつか必ず解放しに来るからね」と誓って母の元を去るのだった。

タトゥイーンを出発するため、アナキンと船に向かっていたクワイ＝ガンは黒ずくめの謎の戦士に襲撃される。ダース・モールだった。ライトセーバーで激戦を繰り広げた2人だったが、先に船に乗り込んだアナキンを追って、クワイ＝ガンは飛行中の船のタラップに飛び乗り、シスの暗黒卿の攻撃から逃れる。

コルサントに到着した女王一行は特別に招集される議会に向けた準備を進めていた。ナブー代表の元老院議員パルパティーンは、議会には腐敗が蔓延し、官僚たちの支配下にあると嘆き、より力のある最高議長を選出するためにもバローラム最高議長に対する不信任案の提出をアミダラに提案する。しかし、自分たちの味方であるバローラムに対する不信任案提出にアミダラは抵抗を感じる。パルパティーンは「ならば法廷に訴えるか、いっそのこと連合に屈服するのはどうか」と水を向けるが、アミダラは断固としてその提案を拒むのだった。

一方、ジェダイ評議会では、クワイ＝ガンがシスの暗黒卿と見られる襲撃者に関する報告を行っていた。1000年前に滅びたと信じられていたシスが復活したとなると、ジェダイ騎士団にとっては重大な事態が起きたことになるため、評議会は衝撃と共にその知らせを受け止めていた。同時にクワイ＝ガンはアナキンの存在を「フォースの集中」と評して報告し、ジェダイとしての訓練を受けさせるように提言する。

評議員の1人であるメイス・ウィンドゥは「フォースにバランスをもたらす者が現れるだ

ろう」という予言がアナキンのことを指すものなのか判断がつきかねる様子だったが、ヨーダはとにかくその少年に会ってみようとクワィ＝ガンに伝えるのだった。

特別議会が開催され、アミダラはナブーの窮状を訴えかけるが、パルパティーンの言うとおり議論は空転する。しかも「官僚たちが連合の手先として動いている」とパルパティーンに耳元で囁かれたアミダラは、彼の提案に従って最高議長への不信任案を提出するのだった。

ジェダイ評議会では、アナキンのジェダイとしての適性を測るテストが行われていたが、議会のほうでは次期最高議長としてパルパティーンが候補者として擁立されていた。パルパティーンは当選したら汚職を一掃すると誓ったが、アミダラはそれまで待っていたら自国の民が滅びると言ってナブーへ戻る決意をする。引き留めるパルパティーンを振り切り、民と運命を共にすると言ってアミダラは部屋をあとにするが、残されたパルパティーンの顔には不敵な笑みが浮かんでいた。

ジェダイ評議会によるアナキンのテストは終了し、アナキンが強いフォースの持ち主であることが明らかになったが、ジェダイとしての修業を受けさせることは否決される。クワィ＝ガンはその決定を不服として自分が訓練することを提案するが、ジェダイの掟で、すでにオビ＝ワンという弟子を持つクワィ＝ガンにその資格はないと異議を唱えられる。

結局、ナブーに迫る危機の問題の解決が先決であるため、アナキンの処遇は先送りとなった。ジェダイはフォースの力によって未来を見ることができるが、未来は常に揺れ動くため、老練なジェダイでさえアナキンの将来を予見することはできなかったのである。そして、その不確かさゆえにジェダイ騎士団はのちに滅びゆく運命にあった……。

コルサント滞在中にジャー・ジャーが語った「グンガン族には強力な軍隊がある」という言葉を覚えていたアミダラは、ジャー・ジャーを仲介者としてグンガン族との和睦を試みる。長年にわたってナブーとグンガンは交流を持たず、互いに敬遠し合っていたのだった。予想通り、ボス・ナスの反応は取りつく島がないものだったが、アミダラに代わってボス・ナスの前に進み出たのはなんと侍女のパドメだった。実は、パドメこそアミダラ女王その人であり、議会での交渉などの重要局面以外では、影武者に女王を演じさせ、自らは侍女パドメとして情報収集にあたっていたのだった。膝をついて協力を懇願するパドメの態度に感銘を受けたボス・ナスは、ナブーとの連携を約束するのだった。

ジャー・ジャーとその盟友ターパルス隊長に率いられたグンガン族の軍勢がナブーの宮殿を目指す。通商連合のバトルドロイド軍がそれを迎え撃つ形で決戦の火蓋が切られた。このグンガンの陽動作戦によって手薄になった宮殿を、パドメ率いる部隊が急襲し、パイロットたちは格納庫を制圧し、惑星軌道上で封鎖線を展開している司令船を撃破すべく戦闘機で飛び立っていく。

平和の守護者として武力介入はできない立場のクワィ＝ガンとオビ＝ワンはパドメの護

衛として同行していたが、ガンレイらを拘束すべく歩を進めるパドメたちの前にダース・モールが立ちはだかる。ここはお任せを、とクワイ＝ガンたちはローブを脱ぎ捨てライトセーバーを手にダース・モールに立ち向かっていく。

パドメらは別のルートでガンレイたちを拘束しに向かうが、アナキンは戦闘に巻き込まれないように停泊中の戦闘機内に避難していた。しかしバトルドロイドたちに押され気味のパドメたちを助けようとして戦闘機を操縦し、ドロイドたちを撃破することに成功するのだが、戦闘機はそのまま自動操縦で宇宙へと向かって行ってしまう。

グンガン族たちはバトルドロイド軍を相手に奮闘していたが、物量に勝るドロイド軍は徐々にジャー・ジャーたちを追い詰め、ついには多くを捕虜としたうえで制圧してしまう。

その頃、宇宙での戦闘に巻き込まれたアナキンは、戦闘機に搭載していたR2-D2に命じて自動操縦を解除させ、自ら操縦桿を握って敵を撃破していく。ドロイド司令船は全体をシールドで覆われていて攻撃を受け付けない状態だったが、司令船からドロイドファイターらが出撃する際には一瞬、そのシールドが解除される。その隙を狙ってアナキンは司令船内部に突入していき、機体がオーバーヒートするなどトラブルに見舞われるが、最終的に司令船内部を攻撃することですべてを破壊することに成功。自身も無事に脱出するのだった。

地上では司令船を失ったバトルドロイド軍が次々に崩れ落ち、ただのガラクタと化してしまっていた。パドメたちは無事にガンレイらを拘束することに成功し、ここに通商連合の野望は打ち砕かれる結果となった。一方で、シスの暗黒卿と2人のジェダイの死闘は続いており、エネルギーバリアで隔離された状態のオビ＝ワンは目の前で師匠のクワィ＝ガンをモールに殺されてしまう。激昂したオビ＝ワンはエネルギーバリアが解除されると我を忘れてモールに挑みかかるが、逆に圧倒され自身のライトセーバーを奈落の底に落としてしまい、自身もその縁にぶら下がっているという絶体絶命の状況に陥ってしまう。しかし、フォースの力で倒れたクワィ＝ガンのライトセーバーを引き寄せるとジャンプして一閃、モールの胴体を真っ二つに切り裂いて師匠の敵を討つのだった。

死の間際にいたクワィ＝ガンは遺言としてアナキンの訓練をオビ＝ワンに託し、オビ＝ワンはそれを受け入れるのだった。このことに対して、のちにナブーを訪れたヨーダは苦い顔をするが、最終的にはオビ＝ワンの主張を受け入れ、アナキンは晴れてジェダイの修業を受けることができるようになった。

クワィ＝ガンの葬儀ではヨーダとメイスが1000年ぶりに現れたシスの暗黒卿について議論していた。シスは我欲が強く常に仲間同士で殺し合いを始めてしまうため、掟として師匠と弟子の2人だけで構成され、反逆が起きにくいようにしていた。そのためオビ＝ワンが倒したシスがはたして師匠なのか、弟子だったのかを話し合っていたのだ。

その同じ場所には共和国の最高議長として選出されたパルパティーンが同席していたのだが、実は彼こそがモールの師匠のダース・シディアスであり、すべては「ナブー封鎖事件」をきっかけに最高議長の地位を手に入れるための周到な陰謀だったのである。裏で敵味方を操り、自らの野望を着々と進めていくパルパティーン。彼こそが共和国にとっての「見えざる脅威（ファントム・メナス）」だったのである。最終的には弟子であるモールを失いはしたが、彼はすでに、のちに弟子として加えるにふさわしい強いフォースを持つ少年アナキンの存在を意識していたのだった。

宮殿ではナブーとグンガンによって勝利と平和の式典が執り行われていた。自らの行動力によってグンガンとの共生を実現したパドメは、笑顔で式典の列席者を振り返る。その視線の先にはジェダイのパダワンとして服装も改まったアナキンが立っていた。彼もまた笑みを浮かべながら彼女を見つめるのであった……。

エピソード2「クローンの攻撃」

銀河共和国には暗雲が垂れ込めていた。数千にもおよぶ恒星系が銀河共和国から離脱することを表明したのである。

謎の指導者ドゥークー伯爵に指揮された分離主義者たちによる一連のこうした動きによって、ジェダイの騎士たちが限りある人員の中で銀河の平和と秩序を維持していくことは極めて困難な状況になってきていた。
今や劣勢となってしまったジェダイ騎士団を支援するために、共和国では軍隊を創設すべきか否かを問う議案が出された。元ナブー女王アミダラ議員は、この重大な議案に一票を投じるために、銀河元老院へ戻ろうとしていた……。

ナブー危機から10年。パルパティーン最高議長ことダース・シディアスが仕掛ける大陰謀劇は、共和国内における分離主義勢力と忠誠派の対立の中、1つの暗殺未遂事件を皮切りに次々と新たな展開を見せる。その中でジェダイ騎士団は正義を貫く行動に終始するが、コルサントを覆う分厚い雲のように未来は不透明であり、その渦中でのジェダイの行動は、結果的にまたもやシディアスの思惑通りに事態を推し進める原動力となってしまう。

軍隊創設に反対するアミダラ議員を乗せたスターシップがコルサントに到着。タラップが開いて議員が降りてきたその瞬間、巨大な爆発が起きて議員のスターシップは全壊、議員らも倒れてしまう。近くに降り立ったナブー・スターファイターのパイロットが議員に駆け寄るが、彼女こそアミダラ議員その人で、議員に扮していたのは影武者を務める侍女のコーデだった。自分を狙った暗殺者によってコーデは身代わりとして命を落とす。その事実にアミダラは動揺する。

その頃、パルパティーンはヨーダらジェダイ評議会の面々と分離主義者の台頭について論じる。ジェダイは共和国の兵士ではないので軍隊として働くわけにはいかないという点についてだ。そこへパドメ・アミダラ議員ら忠誠派がやってくる。暗殺未遂事件についてパドメは、その背後にドゥークー伯爵がいるのではないかと推測するが、元ジェダイでもあり旧知の間柄でもあるドゥークーが黒幕なのではという考えにジェダイたちは否定的だった。

未遂に終わったゆえにパドメへの身の危険は継続しているため、パドメの身辺警護のために彼女をジェダイの保護下に置くことをパルパティーンは提案する。パドメはちゅうちょするが、警護担当をパドメと旧知の間柄にあるオビ＝ワンにしては、という提案を最終的には受け入れることになる。

パドメの元へ向かうオビ＝ワンよりも弟子として同行するアナキンのほうが興奮していた。10年の月日を経て逞しい青年に成長したアナキンは、常にパドメの面影を思い描く日々を送っていたため、ついに再会できるとあって興奮のあまり汗までかいていた。そして運命の再会をアナキンは果たすが、パドメのそっけない態度にショックを受ける。傍らで見ていたジャー・ジャーやオビ＝ワンは「彼女は喜んでいた」と証言するが、恋に盲目となっているアナキンにわかるはずもない。一方のパドメもこの再会の瞬間にアナキンに強く惹かれることになる。

註◎パドメを演じたナタリー・ポートマンによると、この時のパドメはアナキンがイケメンに成長していたことにまず驚き、そして惚れてしまったのだと語っている。

夜、就寝中のパドメの警護でオビ＝ワンとアナキンが彼女の自宅に詰めている。最近、母の夢をよく見ることをアナキンはオビ＝ワンに打ち明けるが、むしろパドメの夢を見たい、と恋心まで打ち明けてしまったため、執着につながる恋愛はジェダイの掟に反するとたしなめられてしまう。

そんな最中、フォースの揺らぎを感じた2人はパドメに危機が迫っていることを知る。彼女の寝室に駆け込んだアナキンはパドメを襲う寸前の毒虫2匹をライトセーバーで退治し、オビ＝ワンは窓の外にいた毒虫を運んできたドロイドに飛びつく。ドロイドはオビ＝ワンをぶら下げたまま空を飛び、持ち主の賞金稼ぎザム・ウェセルの元へと向かう。ジェダイに暗殺計画がばれたことに気付いたザムはドロイドを打ち落として逃走する。

墜落するオビ＝ワンをアナキンが操縦するスピーダーが受け止め、2人は暗殺者の追跡に取り掛かる。最終的に2人はザムをコルサントの酒場に追い詰め身柄を拘束する。店外へ引き連れて雇い主の名前を聞き出そうとした時、毒矢がザムの首に突き刺さり死んでしまう。オビ＝ワンが毒矢の飛んできた方角を見ると、ジェットパックを背負った謎の人物が飛び去っていく。ザムが死ぬ前に残した言葉は「雇い主は賞金稼ぎ」という情報だけだった。

註◎ここで物語は2つに分岐することになる。オビ＝ワンはパドメ暗殺事件の背後にいる賞金稼ぎの正体を追い、アナキンはパドメを警護するため彼女に同行してナブーへ向かう。そもそもパドメの警護にオビ＝ワンをつける際、彼を推挙したのはパルパティーンだったが、そこにアナキンも付随していることをパルパティーンは承知していたはずだ。パドメへの襲撃が続き、黒幕の姿が見え隠れし始めたことで、状況は前述したように捜査と警護の2つに分かれることになった。これはアナキンを師匠であるオビ=ワンから引き離すことがパルパティーンの計画にとっては肝要だったからである。ザムの依頼主は謎の賞金稼ぎだが、その上にはドゥークー伯爵がおり、そのドゥークーもまたダース・シディアスの弟子として指示に従っているにすぎないのだ。しかし、こうした背景もこの時点ではまだ雲に覆われたままなのである。

オビ=ワンは、ザムの首に刺さった毒矢から答えを探るため旧友のデックスを訪ねる。デックスは一目で毒矢がカミーノ星の吹き矢であることを見抜く。カミーノ星のある場所をデックスから聞いたオビ=ワンは、ジェダイ公文書館で正確な位置を確認しようとする。しかし公文書館にはカミーノ星に関する記録さえ存在していなかった。

オビ=ワンはヨーダに相談するが、ヨーダはジェダイ候補の子供たちに教えている最中だった。そこでヨーダはこの謎を子供たちに解かせることにする。あるはずの場所にあるべき星のデータがないのはなぜか？　子供たちはそれを「誰かがデータを消した」と結論付ける。ヨーダもその意見に同意し、オビ=ワンにその星があるべき場所に行ってみるように勧めるのだった。

カミーノに到着したオビ=ワンは丁重に迎えられ、長年にわたって待ち続けられていたことに驚く。カミーノでは、ジェダイマスターのサイフォ=ディアスの依頼で共和国のためのクローン兵軍隊を製造していたのだった。そしてその納入期限の時期に現れたのがオビ＝ワンだったのだ。サイフォ＝ディアスは10年ほど前に殺害されていたため、オビ＝ワンは不審に思う。このクローン兵のＤＮＡはジャンゴ・フェットというホストから採取されたものだったが、そのジャンゴに面会したオビ＝ワンは彼がザムの雇い主なのではないかと疑い始める。ジャンゴはクローンのためのＤＮＡ提供の報酬として、遺伝子操作を行わない純粋なクローンを1体作らせて、ボバと名付けて共に暮らしていた。

註◎サイフォ＝ディアスを殺害し、彼になりすましてカミーノにクローン兵を発注したのが何者なのか、といった経緯は、アニメシリーズ「クローン・ウォーズ」で明らかにされている。

ジェダイ評議会に報告したオビ＝ワンは、ジャンゴを捕らえて尋問するよう指示を受けるが、カミーノを脱出しようとするジャンゴがいる発着場に辿りついたところで、オビ＝ワンは彼と死闘を繰り広げることになる。結局、ジャンゴが辛くも危機を乗り越えカミーノを脱出するが、オビ＝ワンは追跡装置をジャンゴの船に仕掛け、その後も小惑星帯での戦闘を経て、惑星ジオノーシスに辿りつくのであった。

一方、アナキンはパドメと基本的には2人きりの日々を満喫していた。政治問題について語り、幼い頃の思い出話に花を咲かせながらアナキンはついにパドメとキスをするところにまでこぎつける。しかし順調だったのもここまでで、パドメは元老院議員としての職務とアナキンのジェダイとしての立場を考え、2人の関係をこれ以上進展させるわけにはいかないと自制するようになる。ところが、若いアナキンは「キスまでしたのに拒絶？」という現実に混乱し、頭の中のもやもやが混迷を極めていくのだった。

そんな中、パドメの初恋話や、またもや政治話などをピクニック中に語り合っていた2人だったが、じゃれ合って抱き合い転げ回るなど、パドメの対応はアナキンの期待を増幅させるだけだった。結局、夜、暖炉を前に語り合った際、パドメ自身もアナキンに惹かれていることが明らかになるが、前述した理由でパドメはその後の進展を拒絶する。アナキンは秘密の交際という手を提案してみるが、隠し通せるわけがないというパドメの冷静なリアクションに一応目が醒めるのだった。

そしてその夜、アナキンはまたしても母の夢を見る。今度は母が何者かに苦しめられている夢だったが、アナキンはジェダイなだけにそれは予知夢である可能性が高かった。パドメの警護という任務を放棄してでも母を助けに行くと言うアナキンに、パドメは自分も同行すると申し出る。

註◎余談だが、とかくファンからの糾弾の種となる「草原でのゴロゴロ」は、スカイウォーカーランチでのルーカスの実体験である。憂いもない恋人たちのこうした行為は、たとえば1933年のオーストリア映画「未完成交響楽」などでも描かれる古き良き時代の恋愛模様であり、ルーカスの実体験でもあるため、そんなに目くじらを立てては気の毒な気もする。まあ、確かに笑えるけど。

故郷タトゥイーンへ到着したアナキンは、パドメを連れて前の主人であるワトーの店を訪ねる。ワトーはアナキンの母シミ・スカイウォーカーを、水分抽出農場を営むクリーグ・ラーズに売っていた。アナキンらはラーズ家の農場を訪ねていくが、そこで最初に出会ったのはかつてアナキンが組み立てたプロトコルドロイドのC-3POだった。3POの案内でクリーグ・ラーズと、その息子オーウェン（アナキンとは義兄弟にあたる）、そして彼の恋人のベルーに紹介されたアナキンは、シミが行方不明になっていることを知らされる。夜明け前にキノコを採りに出かけたシミをタスケンレイダーたちが襲って連れ去ったというのだ。

その後、大勢で彼女の行方を追ったが、ほとんどが殺されクリーグ自身も足を失う重傷を負っていた。すでに1か月が経過しているため生存は絶望的だと言われたが、アナキンは断固として母を探しに行くと言って出ていく。その際、パドメは自制が利かなくなりアナキンに抱きついてキスをしている。こうしてアナキンには、母親に対するものとは別の執着が着々と築き上げられていくのだった。

さて、ジャワたちへの聞き込みなどを経て、アナキンはついに問題のタスケンたちの集落を見つけて、瀕死のシミを探し出すことに成功するが、シミはアナキンの腕の中で再会を喜びながらも息を引き取ってしまう。

10年前に母の元から旅立つ際に、必ず解放するために戻ると誓っていたアナキンだっただけに、母を救えなかった現実は彼を怒りに掻き立てるのだった。自制心を失ったアナキンは怒りに任せて集落のタスケンたちを次々に惨殺していく。その姿に今は亡きジェダイマスターのクワイ＝ガン・ジンの声が響く。「アナキン！ よせ！」。

この「クワイ＝ガンの叫び」を、遠く離れたコルサントのジェダイ聖堂で瞑想中のヨーダが気付く。メイス・ウィンドゥもフォースの揺らぎを感じてヨーダの元へと来るが、ヨーダはアナキンに試練が降りかかっていることを伝えるのみだった。

アナキンはシミの遺体を抱えてラーズ家に戻ってくるが、タスケンたちを虐殺したことに対して怒りと後悔と戸惑いが混在していた。そんなアナキンをパドメは慰めるしかなかったが、アナキンは誰よりも強いジェダイとなって愛する人を守ることを誓うのだった。

ジャンゴを追ってジオノーシスに到着したオビ＝ワンは、この星に通商連合の船が集結していることを知る。建物に潜入したオビ＝ワンは、分離主義勢力を率いているのはドゥークー伯爵で、共和国に対抗するためのドロイド軍団を大量に製造していることを突き止めた。その事実を伝えるためにコルサントと連絡を取ろうとするが、通信機の不具合のため近くにいるはずのアナキンへ通信を送り、アナキンにコルサントへ通信を中継してもらうことにする。ジオノーシスで見たことをオビ＝ワンは報告するが、まさにその通信中にドロイドの集団に襲われ捕らわれてしまう。

この緊急事態にジェダイ評議会は、直ちにジオノーシスへオビ＝ワン救出の部隊を送り込むことを決める。アナキンは自分たちのほうが近いから先に行くと主張するが、パドメを守る任務を優先すべしとのことからジオノーシス行きを許されなかった。しかしアナキンはともかく、パドメの行動には制限をかけられなかったため、パドメは「自分がオビ＝ワンを救出に行く、だからあなたは私についてくるしかないのよ」と言ってジオノーシスへ向かうのだった。

コルサントの共和国議会では、軍隊創設に関する議論はまだ終わっていなかったが、ジオノーシスで判明した事態を収拾するために何らかの手を打つ必要があった。最高議長に非常時大権発動の権限を与える動議が検討されたが、その動議は結局パドメの代理として残っていたジャー・ジャー・ビンクスが提出することになった。

結果、動議は採択され、パルパティーンは非常時における独裁的な特権を有することに。彼自身は議会で「危機が去り次第この権利は放棄する」と宣言したが、それを判断するのは彼自身のため、実際にはパルパティーンを阻むことは議会でさえできなくなったのだ。

註◎カミーノにおけるクローン軍の完成と、分離主義勢力によるドロイド軍の完備のタイミングを合わせることで、共和国における軍の配備と、それに対する指揮権を最高議長に与える……というのが、このエピソードにおけるダース・シディアスの計画である。その計画の詳細は映画では語られることはなく、映像における表現と結果から類推するしかないほどあいまいになっているが、これは前エピソードである「見えざる脅威」がまだ進行していることの表れでもある。

分離主義者に拘束されたオビ＝ワンは、ドゥークー伯爵の尋問を受ける。裏切り者とののしるオビ＝ワンにドゥークーは、腐敗しているのは共和国のほうだと諭す。長年の間、共和国はシスの暗黒卿ダース・シディアスに支配されており、通商連合も彼に操られて10年前に裏切られたのだと語る。ドゥークーはオビ＝ワンに、自分と手を組んでシディアスを倒そうと誘うが、オビ＝ワンは拒否するのだった。

註◎注目したいのはここでドゥークーがオビ＝ワンに語るシディアスの話は真実だったということだ。そしておそらくは、オビ＝ワンを誘ってシディアスを倒そうとした気持ちも本当だったのだろう。もしそれが実現すれば、自分自身がシスのマスターとなり、オビ＝ワンを弟子にすることで世界を支配できると考えただろうからだ。この「共に手を組んで相手を倒して世界を支配しよう」という誘惑は、のちの第3話、第5話、第6話でもくり返される光景となる。

さて、オビ＝ワン救出のためにジオノーシスに到着したパドメとアナキンは、ひそかに潜入を試みるが結局は見つかってしまい、オビ＝ワン共々、処刑場へと連れて行かれることとなる。その途上でパドメはアナキンに対してついに愛を告白する。「この関係は2人を破滅させると言ったじゃないか」とうろたえるアナキンに、パドメは「どうせこれから死ぬんだから」と、死ぬ前に愛を告白したかったと言う。結果的には2人が予感していたように、この告白により2人はのちに破滅していくことになるのだが、それは次のエピソードでの話。

処刑場では、アナキン、パドメ、オビ＝ワンの３人が、３頭の野獣の餌食にされるという形での処刑が進行していったが、彼らがそう簡単にくたばるわけもなく、そこへメイス率いるジェダイたちが乱入し、処刑場は敵味方入り乱れた大乱戦となる。その混乱の最中に、ジャンゴ・フェットはメイスによって首をはねられて死亡する。その亡骸を息子のボバは呆然と眺めるのだった。

圧倒的物量のドロイドたちによってジェダイたちが追い詰められたちょうどその時、クローン軍を引き連れたヨーダが到着し、戦闘はより大規模な地上戦へと発展していく。ジオノーシスの大公ポグルは最終破壊兵器の設計図をドゥークー伯爵に託し、ドゥークーは「我が主人に預けておけば安全だ」と言ってその場を去る。

クローン軍はドロイド軍を圧倒して優位だったが、ドゥークーを捕らえない限り戦争は続くため、オビ＝ワンとアナキンはドゥークーを探し、そのあとを追う。ファイターの発着場で追いついた２人はドゥークーとライトセーバーで対決するが、オビ＝ワンは負傷して倒れ、アナキンも右腕を切り落とされてピンチに。そこへヨーダが現れ、かつての弟子であるドゥークーと対決する。２人は死闘をくり広げるが、ドゥークーはわずかな隙を見つけて逃げ出してしまう。

ジオノーシスを抜け出したドゥークーは、コルサントのとある廃墟にやってくる。そこではダース・シディアスが待ち構えており、ドゥークーの報告により戦争が勃発したことを知り「すべて予定通りだ」と満足するのだった。

ジェダイ聖堂では、ドゥークーが語ったシディアスの話の真偽が議論されていた。ジオノーシスでの戦闘には勝利したものの、ヨーダはこれがクローン戦争の始まりに過ぎないことを憂いていた。また、ナブーではアナキンとパドメが極秘裏に結婚式を挙げていた。その後に待ち受ける運命を知らない2人は、つかの間の幸せに満たされるのであった……。

エピソード3 「シスの復讐」

戦争だ！ 無情なシスの暗黒卿ドゥークー伯爵によるたび重なる攻撃で共和国は崩壊しかかっていた。双方に英雄が生まれ、邪悪が世を支配していた。

残忍極まりないドロイド司令官として知られるグリーバス将軍は、恐るべき素早さで共和国の首都へ潜り込むことに成功し、銀河元老院の指導者パルパティーン最高議長をまんまと誘拐してしまった。

分離主義者たちのドロイド軍が包囲された首都から彼らの有益なる人質を連れて脱出を企てている中で2人のジェダイナイトが、囚われの身となった最高議長を救出すべく決死の作戦を開始していた……。

註◎このオープニング・クロールで注目しておきたいのは、「双方に英雄が生まれ、邪悪が世を支配していた」というくだりだ。3年前に勃発したクローン戦争は、銀河共和国内で起きた分離主義勢力と忠誠派との争いである。したがって、この時点では両者を公平に扱っており、どちらかが善でどちらかが悪と見なした書き方をしていないのだ。無論、観客は第1話からの流れでパドメやジェダイ側が善であることを感じてはいるが、そこをクロールで明文化していないところがミソだと思う。
結局のところ、たとえ善であってもジェダイや忠誠派はパルパティーンによる帝国の建国を止めることはできなかったわけで、それは彼らとして最大の失策だったと言える。最終的に忠誠派とジェダイの意志は引き継がれていき、次の3部作で勝利を収めることになるのだが、しかし、こうしたことは後世の史家による評価であり、この時点で偏った立場での善悪の評価を与えるのは公平ではないのだ。何げない点だが、本作の特筆すべきところだと私は思う。

戦争勃発から3年。アナキンはより逞しく成長し、オビ＝ワンと並んで共和国勢力のヒーローになっていた。その2人がジェダイ・スターファイターを駆ってパルパティーン最高議長救出の任務に就いていた。コルサント上空で繰り広げられる大戦闘をかいくぐってグリーバス将軍の乗る旗艦に潜入した2人は、議長が捕らわれている場所へと急いだが、議長を発見し拘束を解こうとしたところにドゥークー伯爵がやってくる。2人は協力してドゥークーを追い詰めようとするが、ドゥークーの攻撃によってオビ＝ワンは気を失ってしまう。
結局、ドゥークーとアナキンは1対1の対決をするのだが、アナキンは以前よりもはるかに力を増していた。そしてドゥークーの両手を切り落として戦闘不能状態にするのだが、パルパティーンはアナキンにそんなドゥークーを「殺せ」と命じる。アナキンはちゅうちょし、ドゥークーは唖然としてパルパティーンを見るが、議長は平然と「やれ」と命じ、アナキンはドゥークーの首をはねるのだ。

註◎この状況は第6話でもくり返されるが、ここではドゥークーのリアクションと哀れさにも注目しておきたい。前話のラストでドゥークーは、シディアスのために働いていたことが明らかにされたばかりだったが、次のエピソードの冒頭でいきなり、マスターが別の弟子候補を見つけ、その候補者に自分を殺させるという展開が目の前で行われたわけだ。ジェダイたちからは「理想主義者」と評された彼だけに、自身のセリフで表現するならば「その分、挫折も大きいだろう」といったところか。

その後、アナキンたちは船を脱出しようとするが捕まってしまい、グリーバス将軍の元へ引き出される。アナキンたちのライトセーバーはグリーバス将軍に取り上げられてしまうが、R2-D2が電撃を放ってその場を混乱させた隙に2人はセーバーを取り戻し戦闘が始まる。船の損傷も激しくなってきたうえに形勢も不利と判断したグリーバスは船を脱出する。アナキンはコルサントの大気圏へと落ちていく船を何とか制御して無事に不時着させることができ、パルパティーンの救出作戦も成功した。

久しぶりにパドメと再会したアナキンは彼女が妊娠したことを知る。その事実にアナキンは一瞬戸惑うが、やがて家族を持つ喜びが湧き上がってくる。その夜、アナキンはパドメが出産で命を失うという夢を見る。前回、母のシミが苦しめられた時に見たのと同じ種類の夢だった。結局シミを救うことはできなかったため、アナキンはこの夢に苦しめられることになる。ましてや今度は子供も一緒なのだ。

アナキンは夢のことをヨーダに相談する。相手がパドメであることは伏せて。ジェダイは「死」を「フォースと一体になる」と考えているため、それが運命ならば受け入れるべきだと諭す。心を鍛えて失うことへの恐れを捨てるべきだとヨーダは言う。

アナキンは、師であるオビ＝ワンからパルパティーンと親交が深い点で懸念を示される。しかし、折に触れ自分を評価してくれ、サポートを続けてくれているパルパティーンにアナキンは悪い感情を抱いてはいない。そのパルパティーンに呼び出されたアナキンは、パルパティーンの代理としてジェダイ評議会に入って協力してほしいと頼まれる。

ジェダイ評議会入りすることは同時に「ジェダイマスター」となることを意味するためアナキンは喜ぶ。しかし評議会は、アナキンの評議会入りを認めはするが、パルパティーンの意図を測りかねるためアナキンのマスターへの昇格は見送る。この決定にアナキンは猛反発するが、その抗議は聞き入れてもらえなかった。評議会は、グリーバス将軍の探索を話し合うと同時に、分離主義勢力からの攻撃を受けているウーキー族を救うことも検討。ヨーダがウーキーの母星キャッシークに出向いて指揮を執ることが決まる。

アナキンはマスターになれなかったことが依然納得できず、オビ＝ワンにその不満をぶつけるが、オビ＝ワンとしてはアナキンの若さで評議会入りできたことだけでも異例中の異例だと言って諭す。そして、マスターになれなかったのはパルパティーンと親しすぎるからだとアナキンに忠告する。そのうえでオビ＝ワンはアナキンに「パルパティーンの動向を探ってくれ」と頼む。この依頼にアナキンは激昂する。パルパティーンは友人でもあり師でもある。それを裏切る形になることは共和国への背信にもなる、というわけだ。

註◎じつのところ、パルパティーンもジェダイ評議会も互いにアナキンを使って相手を探らせようとしているわけで、本来、反発するならばアナキンは双方に反発すべきところだ。しかし、パルパティーンのオファーには「ジェダイマスターになれる！」というご褒美が付随していたため、実際には「評議会をスパイしてくれ」という頼みなのにアナキンはそこに気付かないでいる。そして評議会に対しては「マスターにしてくれなかった」という反発があったうえに、「パルパティーンをスパイしてくれ」というオファーがきたため、アナキンは即座に反発してしまうことになる。

この点、パルパティーンの心理作戦は老練だし、逆にジェダイたちは単純というか、自分たちは正しいという過信のせいか、読みが浅い言動が多い。この微妙な違いが結果的にアナキンの裏切りを招くことになる。パルパティーンはさらにアナキンに有益な情報を与え、そのうえで、よりジェダイに対して反発を感じるようにアナキンの心理を導いていく。

パルパティーンに呼び出されたアナキンは、グリーバス将軍が惑星ウータパウに潜んでいることを教えられる。グリーバスを捕らえることで長引いた戦争を終結させることができると誰もが考えていた。パルパティーンはその任務の適任者はアナキン以外にないと話す。こう言われてアナキンの自尊心がくすぐられないわけがない。そのうえでパルパティーンは、ジェダイ評議会が共和国を乗っ取ろうとしていると話す。

アナキンはにわかには信じようとはしないが、評議会がパルパティーンの動向を探れと命じてきたばかりなだけに、このパルパティーンの説は一定の説得力を持っていることになる。アナキンの心がそれによって動揺しているタイミングを見計らって、パルパティーンはアナキンに「ジェダイとシスはほとんど変わらない」と話す。むろんアナキンは信じないが、ここでパルパティーンは、とっておきの餌をアナキンに与える。「賢人ダース・プレイガス」の話だ。

「ジェダイは語らぬシスの伝説」をなぜパルパティーンが知っているのか？という点を不審に思ってもいいはずだが、この時点のアナキンは心理的に「パルパティーンのほうを信じたい」という意識に傾いている。自分を否定し続ける評議会よりも、自分を評価してくれる人物(しかも共和国最高議長だ)を信じることで自己の肯定にもなる。

そしてパルパティーンは、まさにここでアナキンが最も欲している情報を与えるのだ。ダース・プレイガスはダークサイドのフォースを用いて「愛する者を死から救う力すら持っていた」というのだ。そしてその知識を弟子に教え、その弟子によって眠っているところを襲われて死んだという。「人を死から救う」というその力を当然ながらアナキンは欲するが、パルパティーンは「ジェダイからは学べない」と言い放つ。

註◎ここで「シスからしか学べない」と直接的に言わないところがミソだ。この時点ではアナキンはまだれっきとしたジェダイだし、シスというキーワードに反射的に忌避反応を起こしてしまうことをパルパティーンも十分把握していたはずだ。こうして婉曲的に蒔かれた種は、アナキンの心の中で少しずつ芽を出していくことになる。

アナキンからの報告を受けたジェダイ評議会は直ちに行動を起こすことを決めるが、作戦の指揮はオビ=ワンが執ることになる。アナキンはその決定に不満を感じるが、オビ=ワンに対しては反抗的な態度をとっていたことを謝罪する。オビ=ワンは今やお前は自分を超えたジェダイだと話してウータパウへと旅立っていく。

アナキンは再び瀕死のパドメの夢を見る。今度はそばにオビ=ワンが寄り添っている。目覚めたアナキンにはパドメとオビ=ワンとの関係性にも疑念が生まれ始める。

ウータパウに到着したオビ=ワンは、そこにグリーバスがバトルドロイド軍と共に隠れていることを知る。グリーバスはシディアスことパルパティーンの指示通り、分離主義勢力の指導者たちを惑星ムスタファーへと移送させる段取りを済ませる。そこへオビ=ワンが現れ2人は交戦状態となる。

クローン兵からその報告を受けたメイス・ウィンドゥは、パルパティーンにグリーバス発見の報を伝えるようにアナキンに命じる。グリーバスを捕らえれば戦争は終結し、そうなればパルパティーンに与えられていた非常時大権は不要になる。もしパルパティーンがそれを手放そうとしない場合は、権力こそがパルパティーンの真の目的だったことが明白になる。そうなった時には、パルパティーンを追放して議会の統制権は評議会が持つことにしようということになった。

註◎このジェダイたちの理屈は極めて正しいのだが、「ジェダイは私を追い出して議会を掌握しようとしている」とパルパティーンが先にアナキンに語って聞かせた見通しとも完全に符合してしまう状況だ。だからこの時点でも、アナキンにとってどちらが真に正しいのかは判断がつきかねるし、それゆえ二者択一となった場合にはアナキンが真に「欲するもの」を与えてくれるのはどちらなのか、という点が問題となる。この場合、「パドメの命を救う力」がそれだ。

パルパティーンに報告に赴いたアナキンはグリーバスの件を報告するが、パルパティーンの目的は「アナキンへの誘い」だ。だからここでの話題は再び「アナキンを評価しない評議会」へと移る。「評議会は僕を締め出そうとしているとしか思えません」と言うアナキンの疑念は半分は正しいだろう。

実際には「フォースにバランスをもたらす者」という「予言の子」がアナキンであるとジェ

ダイ評議会が信じているからこそ、彼の扱いには慎重になっているだけで、その予言の真意自体をジェダイたちが確信を持って理解しているとは言い難い。そんな状況だから、予言の子アナキンをどう導けばいいのかがわからないでいるのだ。こうした「慎重さ」にジェダイたちが囚われている間に、シスの暗黒卿であるパルパティーンは、いよいよその「予言の子」を自分のものとすべく仕上げにかかる。

「フォースのすべてを教えよう」

とアナキンに言うのだ。ここで初めてアナキンは、パルパティーンがフォースに関する深い知識を持っていることに疑問を感じる。そして「フォースの暗黒面を学べば妻を死の運命から救えるだろう」との言葉にすぐには飛びつかず、パルパティーンをシスの暗黒卿として告発し裁判にかけることを選ぶ。

この時点でアナキンはパルパティーンに裏切られたと感じ、怒りに震える。それは正しく自然な反応ではあったが、怒りによって正常な判断力を失いかけていたことも確かだった。パルパティーン自身は、この段階でアナキンをダークサイドに転落させることができるとは当然ながら考えていない。よって、ここでの会話は、まだ最終的な仕上げのための布石でしかないのだ。

ウータパウではオビ＝ワンとグリーバスの死闘が続いていたが、最終的にはオビ＝ワンがグリーバスの心臓をブラスターで撃ち抜き決着がつく。一方、アナキンはジェダイ聖堂に戻ってパルパティーンこそがシスの暗黒卿だったとメイスに告げる。メイスはさっそく、ジェダイを引き連れてパルパティーン逮捕に向かうが、アナキンの同行は認めず、会議室で待機するよう命じた。

ここでアナキンが1人きりになったため、彼の心理はパルパティーンの思惑通りに迷うことになる。ジェダイとしてシスは倒さなければならない。だがパルパティーンが死ぬと「シスの死を逃れる秘術」が永遠に失われてしまう。そうなると、夢で見たパドメの死を食い止めることができなくなる……。

こうした思考の連鎖によってアナキンは、とにかく「パルパティーンを死なせるわけにはいかない」という結論に達する。それが結局はジェダイを裏切ることになろうとも、そしてその結果がパドメを悲しませることになろうとも、彼女の命を救うにはパルパティーンが持っているはずの知識が必要なのだ。

だから、パルパティーンがメイスたちと死闘を繰り広げている場に駆け付けた段階で、アナキンの最終目的は固まっていた。ここでメイスがアナキンに同意し、「パルパティーンを拘束して裁判にかける」としていれば後の展開は変わっていたかもしれないが、議会をも手中に収めていたパルパティーンが裁判を意のままにできると推定するのもまた正しい判断だ。だからメイスは、この場でパルパティーンを殺すしかないと決めていた。しかしそれはアナキンが最も望まないことだった。アナキンはメイスの両手を切り落とし、その隙にパルパティーンはメイスを電撃で街の彼方へ吹き飛ばしてしまう。

アナキンは自らの裏切り行為に放心状態となるが、すでに一線を越えてしまったため、おとなしくパルパティーン＝ダース・シディアスの弟子になるしかなかった。

「パドメを救ってください」

それが、悪の手先となってしまったアナキンが最初に発した言葉だった。ここでシディアスは、「2人が力を合わせれば死をあざむく術の秘密を解き明かせるだろう」と言っている。つまり、あれだけもったいぶっておきながら彼は「命を救う方法」など知らなかったのだ。冷静な状態ならばアナキンもシディアスの言葉の変化に気付いたろうが、この時点ではとてもそれどころではない。次から次へと事態は激変しているのだ。

シディアスはアナキンに「ダース・ベイダー」という名を与え、ジェダイ聖堂に向かわせてジェダイ狩りをするように命じる。そしてその後はムスタファーに向かい、分離主義勢力のリーダーたちを抹殺して戦争を終わらせるよう命じるのだった。

ベイダーがジェダイ聖堂に向かうと、シディアスはコムリンクを通じて銀河中に散らばるクローン兵たちに特殊指令を命じる。「オーダー66」という名のこの指令は、クローンたちの頭部に埋め込まれたチップによって行動が制御され、ジェダイたちを抹殺することを最優先とするものだった。このオーダー66によって大半のジェダイたちは殺されてしまうが、オビ＝ワンとヨーダは逃げ延びることができた。

アナキンはジェダイ聖堂での任務を終えると、ムスタファーに向かう前にパドメに会いに行く。パドメはアナキンからジェダイが共和国を裏切ったと聞かされるが信じられない。が、一方で夫の言葉を疑いたくないという思いも強い。ムスタファーに向かうと言ってアナキンは去っていくが、残されたパドメはこの葛藤によって精神的に衰弱していく。

オビ=ワンとヨーダは、ベイル・オーガナ議員と共にコルサントへと向かっていた。パルパティーンが緊急議会を招集したため、その隙にジェダイ聖堂に向かって情報を収集しようというのだ。だがヨーダたちが聖堂で見たものは、ライトセーバーによって殺されたジェダイたちの遺体の山だった。

パルパティーンは議会でジェダイたちに襲われた顛末を語り、ジェダイこそがすべての陰謀の黒幕だったと訴えかける。そして、ジェダイに対抗して平和を維持するため、共和国を解体して銀河帝国を建国すると宣言する。

銀河に散らばってまだ生き残っていたジェダイたちにオビ=ワンは、コルサントに戻らずに身を潜めろという指令を発信してひとまず安堵するが、聖堂内の警備記録を見て、ジェダイを虐殺したのがアナキンだったことを知り衝撃を受ける。

アナキンはムスタファーで、ヌート・ガンレイら分離主義のリーダーたちから歓迎を受けるが、問答無用で彼らを切り殺す。

オビ=ワンはアナキンと対決するために彼の居場所を聞きにパドメを訪れる。アナキンがジェダイの子供たちをも殺したと聞いてパドメは衝撃を受けるが、アナキンの居場所については話さなかった。オビ＝ワンが去るとパドメは支度をしてムスタファーへと向かうが、船が発進する直前にオビ＝ワンが潜り込んだことをパドメは気づかないでいる。そしてムスタファーに到着するとアナキンに会い、真実を確かめようとする。

だがすでに暗黒面に堕ちたアナキンの言動は、パドメの理解を超える利己的なものだった。そしてその場にオビ＝ワンが現れると、パドメとオビ＝ワンが結託して自分を殺しに来たとアナキンは誤解する。我を忘れてフォースの力でパドメの首を絞めるアナキンだが、オビ＝ワンが近づくとその手を緩める。そしてかつては固い友情で結ばれていた師匠と弟子同士の死闘が始まるのだった。

コルサントの元老院では、皇帝となったパルパティーンの前にヨーダが現れる。シスのマスターと全ジェダイのマスター同士の戦いも始まる。2人は議会場を舞台に激しい戦いを続けるが、シディアスが優勢となり、ヨーダはかろうじて逃げ出すことに成功する。皇帝は部下たちにヨーダの捜索を命じ、自分はベイダーに危機が迫っていると感じたためムスタファーに向かう。

燃えさかる溶岩の上で戦うオビ＝ワンとアナキン。熾烈な戦いも最後にはオビ＝ワンがアナキンの手足を切り落としたことで決着がつく。しかし、オビ＝ワンはアナキンにとどめを刺す気になれず、彼のライトセーバーを拾い上げるとその場を去るのだった。アナキンは溶岩の熱で全身を焼かれて瀕死の状態となるが、駆けつけた皇帝に救助され一命を取り留めることになる。

オビ＝ワンは、死にかけているパドメを連れてオーガナの船に合流する。パドメは生きる気力をなくしながらも双子を出産し、ルークとレイアと名付けると息を引き取るのだった。

一方で全身を機械化することで一命を取り留めたベイダーは、己の怒りによってパドメを殺してしまったことを知って激昂する。

生まれたばかりの双子の処遇を話し合った結果、レイアはオーガナ議員が養女として引き取って育て、ルークはタトゥイーンに住むラーズ家にオビ＝ワンが届け、その成長を見守ることとなった。オーガナ議員はパドメの妊娠と死の状況を知りすぎているC-3POの記憶を消去するように部下に命じる。

ヨーダはオビ＝ワンに、フォースと一体となった彼の師匠クワイ＝ガン・ジンと対話する方法を教えると告げ、彼を驚かせる。

ベイダーは新しい体に慣れ、皇帝の隣に立つ。2人の視線の先には新たに建造が開始された究極破壊兵器デス・スターがあった。

レイアは無事にオルデラーンに送り届けられ、オーガナ夫妻の保護のもと、王女として育てられることになった。ルークもまたラーズ夫妻に預けられた。こうして運命の双子はしばらくの間、シスの暗黒卿の前から姿を隠すことになった。ちょうど、タトゥイーンの地平線の先に2つの太陽が沈んでいくように……。

エピソード4「新たなる希望」

銀河に内乱の風が吹き荒れていた時。凶悪な銀河帝国の支配に対し、反乱軍の宇宙艦隊は秘密基地から奇襲攻撃を仕掛け、初めての勝利を手にした。
戦闘のさなか、反乱軍のスパイは帝国の究極兵器に関する秘密の設計図を盗み出すことに成功した。それは「デス・スター」と呼ばれ、惑星を丸ごと粉砕できる破壊力を兼ね備えた武装宇宙ステーションだった。
凶悪な銀河帝国の手先どもに追われながらも、レイア姫は自らの宇宙船を駆って、盗み出した設計図を携え故郷の星への道を急いでいた。この設計図こそが、人民を救い再び銀河に自由を取り戻すための鍵となるのだ……。

註◎本エピソードの副題「新たなる希望」は、具体的にはルークのことを指しているというのが一般的な認識だと思う。しかし、スター・ウォーズ・サーガの副題はどれも「銀河史における節目の出来事」を客観的に形容している。「ファントム・メナス(見えざる脅威)」「シスの復讐」「帝国の逆襲」などいずれも同じスタンスだ。だから「新たなる希望」の意味を副題という点において説明するならば、「帝国の圧政が続いた中、反乱同盟軍が究極兵器の破壊に成功したということが、その時期の星々にとって〝新たなる希望〟となる出来事であった」と言えるだろう。つまり、後述する「ヤヴィンの戦いとその結果」を意味していると考えたほうがいいのである。

帝国の追撃をかわしながら惑星オルデラーンに向かっていたレイア姫ら外交使節団を乗せた船は、辺境の惑星タトゥイーン上空でついにスター・デストロイヤーに捕獲されてしまう。ストームトルーパーたちが船に乗り込み船内で銃撃戦が開始される中、レイア姫はデス・スターの設計図をR2-D2の体内に隠し秘密の指令を与える。R2は船を脱出するべく脱出ポッドへ向かうが、C-3POがついてきて共に脱出することになる。彼らを乗せたポッドはタトゥイーンへ向けて発射されるが、幸いにもスター・デストロイヤーに砲撃されることもなく、無事に地表へと降下していった。

レイアはその後、トルーパーたちに発見され、船に乗り込んできたダース・ベイダーの前に引き出される。ベイダーはレイアに設計図の所在を尋ねるが、レイアは知らないと言い張るばかりだ。その後、船内捜索の結果でも設計図は見つからず、船外へ出たものは誤作動で発射されたと思われる脱出ポッドだけだとの報告を受けたベイダーは、そのポッドに設計図が隠されたと見抜き、捜索を命じるのだった。

タトゥイーンへ無事に不時着できたR2は目的を果たすために行動に移るが、事情を知らない3POは不平不満ばかりを言ってR2と対立する。2人は別々に旅をすることとなり分かれるが、夜近くになってR2は、砂漠のゴミ収集族ジャワに捕らえられてしまう。ジャワたちの輸送車サンドクローラーに乗せられたR2は、そこで先に捕まっていた3POと再会する。一方、脱出ポッドを発見したトルーパーたちは、中に乗っていたのはドロイドであったことを知り、ドロイド探索に任務を切り替えるのだった。

水分抽出農場前でサンドクローラーは停止し、ドロイドたちは車外へと移動させられる。ここでドロイドの展示即売を行うためだ。農場主オーウェン・ラーズはボッチ語を話すドロイドを探していたため、3POを赤いアストロメクドロイドと共に購入するが、そのドロイドは故障してすぐに止まってしまう。3POの勧めで代わりにR2を購入することにしたオーウェンは、甥のルーク・スカイウォーカーに2体のドロイドの掃除を命じる。

3POをオイル風呂に入れR2を手で磨いている時、ルークは偶然にもR2が再生するビデオメッセージを目撃する。

「助けてオビ＝ワン・ケノービ。あなただけが頼りです」

オビ＝ワンは知らないが、ベン・ケノービという老人ならルークは知っている。くり返されるそのメッセージにルークは釘付けになり、メッセージの続きを見たがるが、R2は、ジャワ族に付けられたドロイドの逃亡防止用制御ボルトのせいでうまく再生できないと言う。そこでルークは制御ボルトを取り外すが、同時にメッセージも消えてしまう。ルークは怒るが、

R2はメッセージそのものについてもとぼけている。3POに何とか直しておくようにと言ってルークは食事に向かう。

註◎「シスの復讐」のラストで3POは記憶を消されてしまうため何も知らないのは仕方がないが、R2の記憶は消されていない。そしてラーズ家には「クローンの攻撃」の際に訪れてもいるし、そのうえ、死んだパドメの子供の1人はルークという名前であることも知っているわけで、当然、この時点でルークがアナキンの息子であることも理解していたはずだ。

にもかかわらず、何らそうした素振りや発言がないのは、純粋に任務の内容とは関係がないし、ルークの存在自体も重大な秘密事項だからだ。この後、R2はオビ=ワンとも再会することになるが、そこでも彼は他人行儀である。オビ=ワンもとぼけるが、これはルークに対してさえ秘密にしておくべきことだからである。

ルークは叔父夫婦に、R2のビデオメッセージのことを話し、盗品かもしれないという。そしてオビ=ワン・ケノービの名前を出すが、オーウェンは、オビ=ワンはルークの父親と同じ頃に死んだという。父さんの知り合いなのかと興奮するルークだったが、オーウェンは「忘れろ」と言う。

またルークは、ドロイドを購入したことで人手が増えたので帝国アカデミーに入学したいと言う。ビッグスなど友人はみな入学しているからだ。しかしオーウェンは、もう1シーズン我慢してくれと言う。がっかりしたルークは落ち込みながらドロイドの整備に戻るが、すでにR2-D2が逃走したあとだった。3POはしきりに謝るが、時すでに遅く、ルークは翌朝になってからR2を探しに行くことにする。

翌日、渓谷でルークはR2を発見するが、砂漠の蛮族タスケンレイダーたちに襲われて意識を失ってしまう。タスケンたちはルークのスピーダーを漁っていたが、そこへクライト竜の大きな鳴き声が聞こえてきたため一目散に逃げていく。実は通りかかったベン・ケノービが鳴き真似をしてタスケンたちを追い払ったのだった。ベンに起こされたルークは喜び、オビ=ワン・ケノービを探していると明かすと、ベンは驚きながらも自分がそのオビ=ワンだと告白する。タスケンたちが戻ってくる恐れがあるため、詳しい話はベンの家に移動してからということになった。

ベンの家でルークは父親がオビ=ワンらと共にクローン大戦を戦ったジェダイの騎士だったことを知る。そして父の形見であるライトセーバーを渡される。父親の過去について何も知らされてきていなかったルークは、父がなぜ死んだのかを尋ねる。オビ=ワンは自分の弟子だったダース・ベイダーという男が帝国に寝返ってジェダイたちを次々に殺し、ルークの父もそこに含まれていたと語る。そしてベイダーが裏切った原因を、彼がフォースのダークサイドに堕ちたからだと説明する。ここでルークは初めてフォースのことを知る。

R2がメッセージを再生すると、レイアがオビ=ワンを迎えに行っている途中で捕まったこと、R2に敵の機密情報を隠してあること、それを連れてオルデラーンに行ってほしいことなどが明らかになる。オビ＝ワンはルークに共に行ってくれるように頼むが、ルークは農場の手伝いがあるため行けないと固辞する。

デス・スターでは、帝国軍幹部らが設計図を奪われたことによる影響について論じていた。元老院の支持を受けている反乱軍にどう対処していけばいいのかという点に関してターキン総督は、皇帝が元老院を永久に解散したことでその憂いはなくなったとし、デス・スターを中心とした恐怖による統治を進めていくと宣言する。

オビ＝ワンを送っていく途中、ルークらは襲撃を受けたサンドクローラーを発見する。襲われたのはR2たちを売ったジャワだった。そして、オビ＝ワンの分析によると、襲ったのは帝国軍だった。彼らの目的がドロイドたちだとすると家が危ない！　オビ＝ワンの制止も聞かず家に向けてスピーダーを走らせるルークだったが、すでに叔父と叔母は襲撃を受けて殺されたあとだった。傷心のルークは失うものが何もなくなったため、オビ＝ワンと旅立つことを決め、モス・アイズリー宇宙港へ向かう。

宇宙港の酒場でオビ＝ワンは、オルデラーンへ運んでくれる船を探すことにし、チューバッカが乗るミレニアム・ファルコン号がよさそうだと判断する。船長のハン・ソロと交渉の末、前払い金を持って格納庫で落ち合うことにする。ルークはスピーダーを売って前払い金を調達する。ハンはギャングのジャバ・ザ・ハットから受けた仕事を放り出して逃げたことで賞金をかけられていたが、賞金稼ぎのグリードを返り討ちにし、ジャバにもまとまった金が入るからもう少し待つようにと話を付ける。

ルークらはファルコンに乗り込むが、その直後に帝国のトルーパーの一団が船を襲撃してくるという、危ういところでファルコンは飛び立つことに成功。スター・デストロイヤーの追撃もかわしてハイパースペースに突入する。

反乱軍の秘密基地の在りかを拷問でも白状しないレイアに業を煮やしたターキンは、デス・スターの進路をオルデラーンに向けさせる。オルデラーンの星域に到着するとターキンは、秘密基地を白状しなければ究極破壊兵器スーパーレーザーでオルデラーンを爆破するとレイアを脅す。悩むレイアだったが苦渋の選択の末、秘密基地は惑星ダントゥインにあると言う。それを聞いたターキンは満足するが、攻撃命令は止めずオルデラーンは惑星ごと爆破されてしまい、レイアは衝撃を受ける。

ファルコン号内ではルークがライトセーバーの練習をしていたが、突然オビ＝ワンに目眩が生じて練習は中断する。無数の悲鳴と、一瞬のうちに突然かき消された多くの命によってフォースに乱れが生じたのだが、彼らにはまだその原因がなんなのかはわからない。

オビ＝ワンは、フォースについてもルークに説明するが、現実主義者のハンはバカにして鼻で笑う。宗教じみた不思議な力など信じない、というわけだ。

オルデラーンの星域にファルコンは到着するが、肝心のオルデラーンはそこにはなかった。星が丸ごと消えるわけがないとハンは動揺するが、やがてファルコンはデス・スターに発見され、牽引ビームによって捕獲されてしまう。

ファルコン号の隠し倉庫に隠れたハンたちは、トルーパーたちによる船内の捜索から逃れ、逆にトルーパー2人を捕まえてアーマーを強奪する。トルーパーに扮したハンは司令所の1つを乗っ取り、牽引ビームの解除方法をR2たちに探らせる。ドロイドたちは解除方法を見つけ出し、さっそくオビ＝ワンは解除に出向く。

その後、R2はデス・スター内にレイア姫が捕らわれていることや処刑命令が出ていることを探り出す。驚いたルークは助け出しに行こうとするが、ハンは余計な動きはするべきでないと言って断る。しかし、レイアが金持ちで助け出したら報酬がたんまりもらえると聞いて気が変わり、さっそく救出に赴くことになる。

レイアが収容されている監房に到着したハンたちは銃撃戦を開始し、レイアを救出することに成功するが、それ以降の作戦を立てていなかったため、次々にやってくるトルーパーたちに、その場に釘付けにされてしまった。レイアはルークからブラスターを奪うとゴミシューターに穴を開け、そこに飛び込んで脱出する。ハンたちも仕方なくそのあとを追うが、落ちた先はゴミ圧縮機の中だった。

やがて両側の壁が動き出して迫ってきたため、ルークは3POにこの動きを止めるよう指示を出す。そうこうしているうちに壁はどんどん迫ってくるが、すんでのところでR2が壁を停止させることに成功し、彼らは外へ出ることができた。

オビ＝ワンは、牽引ビームの解除に成功し、フォースの導きに従って先へ進む。ベイダーもフォースによってオビ＝ワンが来たことを知り、彼と対決するために動き出すのだった。30年ぶりに対面するオビ＝ワンとベイダー。2人はライトセーバーで死闘を繰り広げる。ルークやハンたちは、二手に分かれてトルーパーたちの追及を逃れ、ようやくファルコン号の近くに辿り着くが、船の周りでトルーパーたちが警護していて近づけないでいる。するとトルーパーたちが何かに引きつけられるように移動していく。今がチャンスとハンたちは船に向かうが、トルーパーたちの視線の先を追ったルークは、そこにベイダーと戦うオビ＝ワンの姿を見つける。オビ＝ワンもルークの姿を見つけるとその顔には微笑が浮かぶ。そして手にしたセーバーを直立させると、ベイダーの一撃を全身で受け止めるのだった。

註◎ここでオビ＝ワンが見たものは、ルークとおそらくはファルコンに乗り込んでいくレイアの姿だろう。30年前にヨーダと相談のうえ、慎重に隠した子供たちの運命が再び動き出したこと。そして、フォースと一体となることでさらにルークへの保護をより密接なものにできることなどが、彼の頭に去来したはずだ。ライトサイドのフォースのみが到達できるその領域を、命のコントロールを求めてダークサイドに堕ちたアナキンの前で披露するのは皮肉な展開でもある。死を前にしたオビ＝ワンの微笑には、こうした様々な思いが込められているのだと思う。

オビ＝ワンが殺される瞬間を目撃したルークは絶叫し、ブラスターを乱射する。ベイダーはオビ＝ワンの遺体を確認しようとするが、そこには彼のセーバーとローブしかなかった。ブラスターを打ち続けるルークにどこからかオビ＝ワンの声が聞こえてくる。

「走れ！ルーク」

その声に従い、ルークはファルコン号へと乗り込む。ハンはファルコンを発進させるが、帝国軍も戦闘機で追撃を試みる。空中戦の末、敵のTIEファイターは全滅。ファルコンはレイアの指示で反乱軍基地のあるヤヴィン第4衛星へと向かう。ベイダーはあらかじめファルコン号に追跡装置を仕込んでおいたため、デス・スターもまたヤヴィンへと向かっていた。

ヤヴィンではR2に隠されていたデス・スターの設計図の解析が行われ、その弱点を見つけ出したうえで、小型戦闘機による攻撃作戦が立てられた。ルークはデス・スター攻撃部隊に参加するが、ハンは作戦自体を「自殺行為だ」と言ってレイア救出の報酬を持って去ろうとしていた。その姿にルークは幻滅を隠さないし、ハンの相棒のチューバッカも不服そうだ。

反乱軍兵士たちによる決死の作戦がスタートする。猛烈な対空砲火をかいくぐってXウィングファイターとYウィングファイターが目標に向かう。デス・スター側では戦闘機が小さすぎて対空砲火が意味をなさないため、TIEファイター編隊を繰り出しての迎撃作戦に切り替える。ベイダーも自ら戦闘機を操って出撃する。

激しい戦闘で反乱軍にも多くの損害が出る中、ゴールド中隊によるデス・スターへの弱点攻撃が敢行された。プロトン魚雷を目標に向けて発射したものの、魚雷はデス・スター表面で爆発し、排気口の中に打ち込んで内部から爆発させる試みは失敗に終わる。隊長もベイダーによって撃墜され、その後の攻撃をルークに託して死んでいくのだった。

ルークは、ビッグスとウェッジを従えて攻撃態勢に入るが、ベイダーの部隊の攻撃でまずウェッジが戦闘不能になり離脱。ビッグスもギリギリまでルークを守っていたがベイダーによって撃墜されてしまう。ルークはそのまま進んで目標に魚雷を撃ち込もうとするが、そこにオビ＝ワンの声が聞こえてくる。

「フォースを使え、ルーク」

ルークはその声に従い、自動照準装置のスイッチを切って目標へと向かう。彼を撃墜しようと追うベイダーも、ルークのフォースの強さを感じるが、照準に捉えて仕留めることができると確信していた。その瞬間、ベイダー機の脇を飛んでいたＴＩＥファイターが爆発し、その衝撃でベイダーのＴＩＥファイターもはじき飛ばされてしまう。ルークを危機から救ったその攻撃の主はファルコン号に乗って戻ってきたハン・ソロだった。

ルークはフォースに従って魚雷を撃ち込み、デス・スターは究極破壊兵器をヤヴィンに向けて発射する寸前に爆発するのだった。ベイダーはなんとか体勢を立て直し、宇宙の彼方へと去っていく。反乱軍はルークやハンを囲み勝利にわき上がる。長らく続いた帝国の圧政を覆すための本格的な第一歩となる勝利に、束の間ではあるが、皆が酔いしれていた……。

エピソード5「帝国の逆襲」

反乱軍にとって、まさに試練の時だった。デス・スターを破壊されたにもかかわらず、銀河帝国の軍勢は反乱軍を追いつめ、秘密基地からの撤退を余儀なくさせたうえ、銀河全域にわたって彼らの行方を追い続けていた。

恐るべき帝国宇宙艦隊の追撃から逃れた、ルーク・スカイウォーカーによって率いられる自由の戦士たちは、銀河の辺境に位置する氷の惑星ホスに、新たな秘密基地を築き上げた。

若きスカイウォーカーを探し出すことに執念を燃やす邪悪な暗黒卿ダース・ベイダーは、無数の探査ドロイドを宇宙の隅々に至るまで放ったのだった……。

惑星ホスで定時パトロールに就いていたルークは、近くに落ちた隕石のようなものを調べようとした矢先、何者かに襲われて意識を失う。同じくパトロールしていたハン・ソロはエコー基地に戻ると、ジャバに借金を返すために基地を離れることを関係者に告げる。レイアは帝国との戦いにおいて彼が必要だと説くが、ハンは個人的に自分に惚れているから去ってほしくないのだろうとからかう。レイアはそれに腹を立てて立ち去ってしまう。その頃基地では、ルークが帰還しないことが問題になっていた。夜になると凍死の可能性もあるためハンはトーントーンに乗って捜索に出かける。

ルークを襲ったのはワンパという怪物で、彼はその巣に監禁されていた。地面に落ちていたライトセーバーをフォースの力で引き寄せたルークは、自分の身体の拘束を解きワンパの腕を切り落として巣から逃げ出す。しかし、猛吹雪の中で意識を失ってしまう。

やがてルークは、自分を呼ぶ声で意識を取り戻す。目の前には幻影のように、死んだはずのオビ＝ワン・ケノービの姿があった。オビ＝ワンはルークに、惑星ダゴバに行ってジェダイマスターのヨーダに会って学べと言う。そこまで聞くとルークは再び意識を失う。そこへハンが駆けつける。ハンが乗ってきたトーントーンも寒さのあまり凍死してしまったため、ハンはシェルターを作って夜を乗り切ることにする。翌朝、エコー基地から派遣された捜索隊によってルークらは発見され、無事に基地の病院へ収容される。

帝国軍が放った偵察ドロイドは、ホスのエコー基地を発見し信号を送信するが、反乱軍側もドロイドを探知して威嚇したところ、ドロイドは自爆する。その一連の動きから基地を発見されたことを知った反乱軍は、基地を放棄することを決定する。

一方、ドロイドの信号を受け取った帝国軍はホスへ向けて侵攻するも、反乱軍側は奇襲される前に防御シールドを惑星上に張り巡らしていた。そのため帝国軍は地上部隊を送り込んでの地上戦に持ち込むしかなく、反乱軍に撤退準備の時間を与えることとなる。

反乱軍側は順次輸送艇を送り出し、敵の艦隊による封鎖を突破していくが、レイアは最後まで基地で指揮を執っていたために逃げ遅れ、ハンがファルコンに乗せて脱出することになった。

ルークはスノースピーダーの部隊で、帝国の自走歩行兵器AT-ATを撃退すべく出撃する。激戦の末、ルークらはAT-ATウォーカーを数体撃破するが、最後には発電所を爆破され、基地は完全に壊滅状態になってしまう。ルークたちは撤退し、Xウィングに乗り込んであらかじめ決めておいた集合地点へ向かうが、ルーク自身は単独で惑星ダゴバを目指す。

レイアを乗せたミレニアム・ファルコンは無事にホスを脱出するが、帝国の艦隊は執拗に彼らを追い続けていた。ハンは、ハイパースペースに逃げ込めば大丈夫と高をくくっていたが、あいにくハイパードライブ自体が故障していたため、帝国の追撃から逃げることは困難な状況だった。ハイパードライブがなかなか修理できそうもない中、ファルコンは小惑星帯にさしかかる。

ハンはここに入ってしまえば帝国軍も簡単には追いつけないと考え、小惑星帯の中に飛び込んでいく。無数に飛び交う隕石にぶつかってTIEファイターは次々に爆発していく。ファルコンは追撃の隙を見て、大きめの隕石で見つけた洞窟に入っていき、しばらくの間、様子を見ながら船の修理を進めるのだった。

ルークはフォースの導きで無事に惑星ダゴバに到着するが、不時着には失敗し、彼の乗る

Xウィングは沼にはまってしまう。R2-D2とルークは荷物を陸にまとめてヨーダを探す準備を始める。R2を充電し簡素な夕食をとっていると、何者かがルークに話しかけてきた。振り向くとそこには緑色をした小さな生き物が立っていた。ルークが探している人物がヨーダだと知ると、その生き物はヨーダの元へ案内すると言う。ルークは不審に思ったがその生き物の言うとおり、まずは彼の家へとついていくことにする。

その頃ハンは船の修理にかこつけてレイアを口説きにかかる。レイアのほうもうわべは抵抗するように見せて、実際にはまんざらでもない様子だ。手を握ってもはねつけられなかったことでハンはさらに大胆になり、ついにはレイアにキスをするところまで発展することができた。しかし、一番いいところで3POの邪魔が入り、我に返ったレイアはその場から逃げ出すように去っていくのだった。

ファルコン号の探索を続けるベイダーへ皇帝からの通信が入る。スカイウォーカーの息子、ルークが自分たちを脅かす存在になると危惧しているのだ。ベイダーはルークをこちらの味方に付ける案を出し、従わなければ殺すと明言し、皇帝はそれに同意するのだった。

註◎師匠1人に弟子が1人というシスの暗黒卿のしきたりは、シスが常にトップを狙ってしまうために内部争いで全滅してしまうことを防ぐ目的で作られたルール。だが、シディアスがその師匠プレイガスを暗殺し、また「クローンの攻撃」でドゥークーがオビ=ワンと手を組んでシディアスを殺そうと企んだりと、とにかくシスは陰謀をめぐらす傾向にある。ここでの皇帝とベイダーの対話は、表面的には2人の師弟関係と今後の展開への相談というテイになっているが、その裏では、皇帝はベイダーに内面的動揺がないか探っており、そのうえで息子と結託して自分を滅ぼそうとしていないかをも探ろうとしている。

ベイダーは皇帝に対して息子に対する感情はひた隠しにしており、それは自分自身に対してさえ隠しているのだが、「我らの脅威になる」と危惧する皇帝に、1:まだ子供　2:オビ=ワンもいないから育たないだろう、となだめようとしている。それでも「ジェダイにしてはならぬ」と言う皇帝に「いっそのことこちらの味方に」とも言っている。どこまでも命に関わることは避けようとしており、最終的には殺すこともやむなしとしているにすぎない。ベイダーとしては皇帝に対してそのように話したことで、自分自身の内面に芽生えたごく小さな変化に驚いたかもしれない。しかしそれは、息子と手を組めばまだ皇帝を殺せるかもしれないという野望でしかないのだが……。

ルークは一刻も早くヨーダに会いたいのに、案内すると言った小さな生き物はのんびりと夕飯の支度をしている。イライラが頂点に達したルークは生き物に対してかんしゃくを爆発させるが、その生き物こそがヨーダだった。オビ=ワンと対話するヨーダを見て悟ったルークは慌てて取りつくろうが、ヨーダは修業させることを拒否する。しかし、オビ=ワンもルークも引き下がらなかった。

レイアは、ファルコン号が隠れている洞窟内に何か生物がいるとハンに伝える。彼らが船外に出て調べてみたところ、マイノックという生き物が数多くいることがわかったが、ブラスターを発射すると洞窟全体が揺れ動いた。危険を察知したハンは急いで船内に引き返してエンジンを始動、説明を求めるレイアに構わずファルコンで洞窟から出ようとする。その入り口が閉ざされようとしている中、間一髪ファルコンは外に出ることができた。洞窟は巨大な宇宙ナメクジの体内だったのである。

ダゴバではルークの修業が始められていた。体力と共にフォースへの理解を深める訓練だ。近くにはダークサイドのフォースを強く発する洞窟があった。ヨーダはそこへ入ってみろとルークに言う。武器は持たずに、というヨーダの忠告を無視してルークはライトセーバーを持って洞窟に入る。洞窟内を進むと、奥からダース・ベイダーが現れてルークに迫ってくる。ルークはセーバーを起動しベイダーの首をはねる。地面を転がったベイダーの首はマスクが吹き飛び、中の顔が露わになった。それはルーク自身の顔だった。その光景にルーク自身は呆然としている。

ファルコン号捜索のため、ベイダーは賞金稼ぎたちを招集した。ちょうどその時、隠れていたファルコンが発見される。ハンはハイパースペースに飛び込んで逃げようとするが、ハイパードライブは依然として直っていなかった。策が尽きたハンはファルコンを反転させ、追ってくるスター・デストロイヤーに向けて突進していく。あわやぶつかると思われた瞬間、ファルコンは帝国軍のレーダーから消えてしまうのだった。

フォースの訓練で岩を持ち上げる練習をするルークは、沼に自分のXウィングが沈んでしまうのを見て動揺してしまう。フォースの力を信じろとヨーダは諭すが、ルークは岩とはわけが違うといって取り合わない。しかし、ヨーダの勧めでXウィングを持ち上げようと試みる。だが結果は失敗で、ルークは半ばふてくされてしまう。初めからあきらめてかかるルークを見て、ヨーダは自分でXウィングを沼から引き上げてみせる。ルークは唖然として信じられないと漏らすが、ヨーダは「だから失敗したのだ」と言う。

ファルコン号を見失った帝国軍艦隊は捜索範囲を広げるために現場宙域を離れようとしていた。じつは、艦隊の中の、あるスター・デストロイヤーの船体の死角部分に、ファルコン号が貼り付いて身を隠していたのだ。

スター・デストロイヤーがハイパースペースに突入する際、大量のゴミを廃棄するのに乗じ、ゴミに隠れて逃げようという作戦だった。ゴミに紛れて漂いながらハンとレイアは次の目的地を決める。ハンの知り合いのランド・カルリシアンという男を訪ねようというのだ。帝国の艦隊がハイパースペースに消えていったあと、ファルコン号はゴミの中から飛び出していく。しかし同じくゴミの中から出てきてそのあとを追う船があった。ベイダーに雇われた賞金稼ぎ、ボバ・フェットの船である。

フォースの訓練が続くルークは、その力によって未来のビジョンを見る。ハンとレイアが苦しめられている様子だ。ルークは動揺し、それが不確定ながらも未来の姿だと知ると2人を助けに行くと言い出す。

ハンたちはランドが統治するクラウドシティに到着する。ランドはハンたちを歓待するが、レイアはその態度にわざとらしさを感じて信用していない。

ルークはハンたちを助け出すための出発準備をしている。それがベイダーの仕掛けた罠だと知るヨーダとオビ＝ワンは、しきりに引き留めようとするがルークは聞く耳を持たない。結局、ルークは師の忠告に反し、修業の場から去ってしまう。オビ＝ワンはルークが最後の希望だったと嘆くが、ヨーダは「まだもう1人いる」とつぶやくのだった。

註◎このもう1人とはもちろんレイアのことだが、次作「ジェダイの帰還」が公開されるまで、このあとに展開されるルークとレイアの間で見られるフォースを通じた結びつきの描写と「もう1人いる」という謎を結びつけた人がいなかったのは不思議でならない。今から振り返ってみれば明らかに「レイアがもう1人の希望」として明確に描かれているのだから。当時は「もう1人とはボバのこと?」なんて説が真剣に論じられたりしていたくらいだ。

ハンたちはランドから食事に招待されるが、その席に待っていたのはベイダーとボバ・フェットだった。彼らは拘束され拷問を受けることになった。ベイダーはルークが到着するまでの間、ハンたちを拷問し続けるが、ルークを捕らえる時のためにカーボン冷凍装置をハンの身体でテストしてみることにする。

それで命を落としてしまうかもしれない状況の中、レイアはついにハンに愛の告白をする。ハンは「知っている」と答えたあとに冷凍されてしまう。幸いなことに命に別条はなく、その身体はボバ・フェットがジャバ・ザ・ハットの元へ運ぶために持ち去るのだった。

ルークは、巧みに誘導されてカーボン冷凍室へとおびき出される。そこではベイダーが待ち構えており、ライトセーバーによる死闘が始まる。ベイダーは余裕の構えでルークに対峙していたが、ルークの修業の成果はベイダーの予想を超えるもので、カーボン冷凍の仕掛けもうまくいかなかった。

帝国の船に連行されるレイアたちをランドの配下の者が助け出す。トルーパーたちを捕らえ、レイアらを解放したランドはハンを取り戻そうと言うが、チューバッカを始めレイアたちはランドを信用しようとはしない。それでもハン救出がまだ間に合うのならと埠頭へと向かうのだった。

ルークとベイダーの死闘は続いていたが、ルークは次第に追い詰められていった。右腕を切断され、逃げ場を失ったルークにベイダーは仲間になれと誘う。ルークは父親を殺した恨みをぶつけるが、ベイダーは自分がお前の父親だと明かす。その告白にルークは呆然となるが、ベイダーは2人で手を組んで皇帝を倒そうと誘う。もはや判断力を失っていたルークだったが、手を差し伸べるベイダーを前に、奈落へと身を投じてその場を逃れるのだった。

レイアたちはハンを救出することはできず、結局ファルコン号に乗って脱出しているところだった。

クラウドシティの外部アンテナにぶら下がるようにして何とか助かっていたルークは、オビ=ワンに助けを求めるが、忠告を守らなかったうえに、オビ=ワンはこの対決に干渉しないと言っていたため反応はなかった。続いてルークはレイアに呼びかける。

レイアはルークからの呼びかけに気が付き、チューバッカにクラウドシティに戻るように指示する。近づくとクラウドシティの下部にルークがぶら下がっているのを見つける。救出してから再び全力で脱出するファルコンに、TIEファイターの部隊が襲いかかる。

ベイダーの乗るスーパー・スター・デストロイヤーの脇を、ルークを乗せたファルコン号が通過していく。ベイダーはフォースでルークに呼びかけ、ルークは苦悶する。ランドはファルコンでハイパースペースに逃げ込もうとするが、帝国の策略でファルコンのハイパードライブはいまだ修理されていなかった。

ハイパースペース突入が失敗したことで、チューバッカとレイアはランドに対して怒りに震えるが、危機は目前に迫っていた。スーパー・スター・デストロイヤーはファルコンを捕獲すべく牽引ビームの準備をし、ようやく完了したところだった。その時、R2-D2がファルコンのハイパードライブを操作して直し、ファルコンは無事その宙域から逃げ出すことに成功するのだった。
ルークは病院船で右手に精巧な義手をつけてもらう。ランドはチューバッカと共にハン捜索のためにタトゥイーンへと向かう。反乱軍はようやく集結し、次なる反撃のための準備を始めるべく、宇宙を航行していくのであった。

エピソード6「ジェダイの帰還」

ルーク・スカイウォーカーは、卑劣な悪党ジャバ・ザ・ハットに囚われの身となっている盟友ハン・ソロの救出を試みるため、故郷の惑星タトゥイーンへと戻った。だが、ルークの知らぬ間に銀河帝国は秘密裏に、新たな宇宙要塞の建造に着手していた。それはあの恐るべき初代デス・スターをはるかに上回る強力な装備を持っていた。この究極兵器が完成してしまうと、銀河系に再び自由をもたらすため戦い続けている少数の反乱軍はひとたまりもなく壊滅してしまうだろう……。

建造中の第2デス・スターにダース・ベイダーが到着する。完成を急ぐ皇帝の意向を現場に伝え、そのうえで、皇帝自らが監督しに来ることを告げるためだ。その知らせを聞いた司令官は震え上がる。

タトゥイーンでは、R2-D2とC-3POがジャバ・ザ・ハットの宮殿へと向かっていた。1年前にカーボン冷凍されたハン・ソロの件でルークからのメッセージを伝えるためだ。ルークのメッセージは、ハンを解放してやってほしい、親善の証しとして2体のドロイドを差し上げるというもので、3POはその内容に驚く。ジャバは取引には応じず、3POは通訳として、R2は給仕ドロイドとしてジャバの元で働くことになった。

続いて、チューバッカを捕らえたという賞金稼ぎが現れる。値段交渉の末、賞金稼ぎはジャバに気に入られチューバッカは引き渡される。その夜、周囲が寝静まった宮殿内で、先の賞金稼ぎが、壁に飾られているカーボン冷凍されたハンの前にやってくる。賞金稼ぎが冷凍装置の制御盤を操作するとハンの冷凍は溶けていく。長い間冷凍されていたハンは視力が戻らないが、解凍してくれた賞金稼ぎがレイアだと知り喜ぶ。しかし喜びも束の間。レイアの正体はすでにバレており、周りはジャバとその配下の者たちに囲まれていたのだ。


次の日、今度はルーク本人が宮殿にやって来る。ハンやその他の者を解放しろとルークは要求するがジャバは相手にしない。そしてルークを落とし穴に落とし、怪獣ランコアの餌食にしようとする。ルークは武器を持たずに宮殿にやって来たので苦戦したが、最終的にはランコアを倒すことに成功する。怒ったジャバはルークたちを皆、サルラックの餌にして処刑すると宣言する。

砂漠に生息するサルラックは巨大な口で生き物を飲み込み、1000年かけて消化するという怪物。ジャバたちは死刑執行のためにサルラックの穴の前にまでやってくる。ルークは「我々を解放しなければ死ぬぞ」とジャバに警告するが、ジャバたちは笑って取り合わない。

そこでルークは、ジャバの船に乗り込んでいたR2に合図を送る。ルークやハンたちを運んだスキッフという船にはランドが変装して乗り込んでいた。ジャバによる死刑執行の合図に続いてR2の頭部からルークのライトセーバーが射出され、ルークはセーバーを摑むと反撃を開始する。大混乱の中、レイアはジャバを絞殺し、全員無事なままの脱出に成功する。

レイアたちは帝国との決戦のために集結地点に向かうが、ルークはその前にダゴバへと向かう。デス・スターには皇帝が到着し、出迎えたベイダーに、ルークがお前を探しに来るので、彼がやってきたら自分のところへ連れてくるようにと指示をする。2人で協力してダークサイドに引き込もうというのである。


註◎前作でベイダーはルークの勧誘に失敗している。皇帝の言う「2人で協力して」という意味は前回の失敗を繰り返さないためにということだが、実際には皇帝はルークとベイダーを対決させ、ルークにベイダーを殺させることで罪の意識と共にダークサイドに転落させ、自分の弟子として先々の自分のサポート役に使おうという思惑がある。ベイダーもそれは百も承知で、本作ではこうした両者の腹の探り合いの会話が続くことになる。

ダゴバではヨーダに死期が訪れていた。ルークに対し必要なことはすべて教えたと言うヨーダだったが、ベイダーとの対決なくしてジェダイにはなれないと語る。ルークはベイダーが自分の父親なのかという疑問をヨーダに尋ね、ヨーダはそれを肯定する。そのうえで、自分が死んだらジェダイはルーク1人になるため、ルークは学んだことをもう1人のスカイウォーカーに伝えよと言い残してこの世を去るのであった。

実の父親であるベイダーを殺すことはできないと悩むルークの前にオビ=ワンが現れる。ヨーダの言ったもう1人のスカイウォーカーについて尋ねると、オビ=ワンはそれは双子の妹のことだという。ルークは当初その言葉が理解不能だったが、皇帝から守るために隠されていたと聞かされ、それがレイアのことだと悟るのだった。

集結した反乱軍の作戦会議で、帝国が建造中の第2デス・スターの位置が判明し、皇帝自らが建設の指揮を執っていること、そして究極兵器がまだ未完成のため攻撃には絶好のタイミングであることが説明される。デス・スターは強大な防御シールドで守られており、そのシールドは惑星エンドアの月に建設されたシールド発生器を破壊しなければ破ることができないという。

デス・スター本体への攻撃はランドが将軍に就任して指揮を執り、エンドアへの潜入チームはこれまた将軍となったハン・ソロが指揮を執る。そして全体の作戦進行はアクバー提督が行うことになった。ハンの潜入部隊にはレイア、そして合流したルークも加わることになった。潜入作戦には帝国のシャトルが使用されるため、ハンはランドにファルコンを貸すことにする。

エンドアに向かうハンたちのシャトルは帝国軍の通信検問を受ける。補給物資の運搬という名目だが、帝国艦隊の旗艦にはベイダーが乗っていた。ベイダーはシャトルにルークが乗っていることを感じ取る。ルークもまたベイダーの存在を感じ、自分が同行したことで作戦がバレたと心配する。ベイダーはシャトルの通過を許可し、その後の処置を自分に一任するように命じる。ハンたちは無事に通過できたことで安堵する。

次に潜入部隊はシールド発生器へ向かおうとするが、帝国軍のパトロール部隊に見つかってしまう。スピーダーバイクによる追跡劇の末、彼らの存在を通報される事態は防いだが、レイアはルークたちとはぐれてしまう。ルークたちはレイアを捜索するが、逆に何者かの罠にかかり捕らわれてしまう。ルークたちを捕まえたのはエンドアの月の原住種族であるイウォーク族で、彼らは黄金の姿をした3POを神とあがめ、ハンたちをその生け贄として料理しようとしていた。

そのイウォークの村でハンたちはレイアと再会する。レイアはイウォーク族の1人ウィケットと仲良くなり世話になっていたのだった。レイアは「ルークたちは友人だから」と助命を嘆願するが聞き入れてもらえない。そこでルークはフォースを使って3POに空中浮遊をさせ、恐れおののいたイウォークたちはルークたちの拘束を解くのだった。

その夜、集まったイウォークたちの前で3POがルークたちの冒険、帝国と反乱軍の戦いの足跡を語って聞かせている。3POの話が終わったあと、イウォークたちは会議を開き、レイアたち反乱軍に協力することを約束する。

註◎「ファントム・メナス」におけるグンガン族の役割と同様、本作でもイウォーク族を通じて「共生」というテーマが語られることになる。結局、ここでイウォーク族との協力体制が確立されていなければ反乱軍は皇帝の策略通りに滅ぼされてしまっていたはずだ。誰もが目に留めない、取るに足らない存在であるイウォーク族が勝敗の鍵を握っていたことは、帝国軍はもちろん反乱軍でさえも理解していないことだろう。グンガン、イウォーク、共にファンからは嫌われているキャラクターなのが興味深いところである。

ベイダーは、エンドアにルークが降り立ったことを皇帝に報告する。皇帝はルークの気配を感じていなかったため不審に思い、ルークをダークサイドに引き込む作戦においてベイダーに邪念がないかどうかまで確認している。ここで「邪念あります」と言うバカはいないので皇帝の問いは愚問なのだが、それだけ疑心暗鬼になるのがシスの習性というものなのだろう。皇帝はベイダーに、エンドアへ降りてルークが投降してくるのを待つようにと命じる。ルークはレイアにベイダーが自分の父親であることを告白し、またレイアが自分の双子の妹であることを打ち明ける。レイアはショックを受けるが、どこかでそれを何となく感じていたことを認める。そしてベイダーに会うというルークを止めようとするが、ルークの決意は変わらなかった。

帝国軍に投降したルークはベイダーと対面を果たす。ルークは自分と共に来てほしいと父を説得するが、ベイダーの意思は変わらず、ルークは「父さんは本当に死んだ」と言い放ち連行されていく。

デス・スター攻撃作戦が開始される。アクバー以下、反乱軍艦隊と戦闘機部隊はハイパースペースに突入する。ハンたちはイウォークらの導きでシールド発生器の裏口を襲う計画を立てる。ルークは皇帝の前に引き出され、ベイダーと3人で反乱軍の攻撃を見守ることになる。ルークは反乱軍の攻撃によってデス・スターもろとも、皇帝、ベイダー、そして自分も死ぬと覚悟していた。しかし皇帝は反乱軍側の作戦を熟知していた。すべてはルークをダークサイドに引き込むためにお膳立てされたものだったのだ。

ハンたちは裏口から発生器内部に押し入って爆弾を仕掛けるが、大量の帝国軍兵士に取り囲まれてしまう。ハイパースペースから抜け出した反乱軍艦隊はデス・スターのすぐ近くに現れるがシールドはまだ解除されていないため散開するほかなく、しかも、迂回した方向には帝国軍艦隊が待ち構えていた。

発生器の裏口付近では捕まった反乱軍兵士たちが並ばされていたが、そこをイウォークの一群が奇襲を仕掛け大混乱状態に陥る。ハンやレイアは敵から銃を奪って応戦し、発生器に再び押し入って爆破しようとしていた。

皇帝はデス・スターの最終破壊兵器で反乱軍艦隊を狙い撃ちさせてルークを動揺させる。皇帝の口車に乗せられてついにルークはライトセーバーを皇帝めがけて振り下ろすのだったが、その一太刀はベイダーのセーバーが阻止した。

ルークとベイダーは熾烈なライトセーバー戦を繰り広げるが、ルーク自身は本気でベイダーと戦う気がない。ベイダーはルークに対して心理戦に出るが、その中でベイダーはルークには双子の妹がいることを知る。

もし仮にルークを勧誘できなければ妹を誘い込めばいいと語るベイダーに対し、ついにルークは怒りを抑えられなくなってしまう。ルークは力で父を圧倒し、ついにはその右腕を切り落とすまでに至る。皇帝は自分の思う通りの展開に満足で、ルークに父親にとどめを刺すように命じる。しかしルークはそれを拒否し、ライトセーバーを投げ捨てて不戦を宣言するのだった。

ハンたちはついに発生器を爆破することに成功する。デス・スターを覆っていたシールドは消え去った。ランド率いる攻撃部隊はデス・スター内部に突入し、反応炉を目指して飛んでいく。

皇帝はルークに電撃を浴びせて殺そうとする。味方にならないのであれば殺すというかねての決まり通りに行動しているのだが、ルークはベイダーに助けを乞うている。皇帝はベイダーにはお構いなしにルークを攻撃しているが、ベイダーにとってはこの状況は経験したことがないものだった。

母親を救おうとした時にはわずかに時間が間に合わなかった。妻の場合は救おうとしたことで逆に彼女を苦しめ、自分が重傷を負って手術を受けている間に死なせてしまっていた。そして今、目の前で息子が殺されようとしている……。

愛する者を救うためにジェダイへの道を志したのにこれまでは救うことができなかった。しかし、この瞬間は救うことができるのだ。ただそれを実行しようとしていないだけだ。母や妻の死に対し、彼は「Ｎｏ」と叫び続けてきた。しかし今この瞬間は、「息子の死」という「不確定な未来」に対して「Ｎｏ」と言えるのだ。

ベイダーは、皇帝を背後から担ぎ上げるとエレベーターシャフトが伸びる奈落へと放り落とすのだった。

ルークは格納庫へベイダーを運び、父と共にデス・スターを脱出しようとしていた。ベイダーは皇帝を投げる際に電撃を浴びており、その結果、機械でできた自分の身体に支障をきたしもう命がないと悟っていた。彼はルークに自分のマスクを取るように頼み、死ぬ前に自分の肉眼で息子の姿を見ることができた。それは長い月日の果てに、彼が再びアナキン・スカイウォーカーとなった瞬間でもあった。

息を引き取った父の遺体を抱え、ルークはシャトルに乗り込んでデス・スターを脱出する。ランドたちの攻撃部隊は反応炉に到達し、魚雷を撃ち込んでそれを破壊する。デス・スター内で起きた爆発は無数の連鎖を引き起こし、帝国が誇る宇宙要塞は木っ端微塵に吹き飛ぶのであった。

ルークはエンドアの森で1人きりで父親をだびに付す。ダース・ベイダーはアナキン・スカイウォーカーとしてフォースと一体になっていく。結果的に彼は皇帝を殺し、父と子で銀河にフォースのバランスをもたらしたのである。

銀河系では各惑星で祝賀の宴が催されていた。エンドアでもイウォークたちを中心に反乱軍の勇者たちが続々と帰還し、そして勝利を称え合っていた。そんな光景をフォースの霊体となったオビ=ワンとヨーダが見つめている。その傍らには少し遅れてアナキンが現れる。彼らに見守られていることにルークは満たされた思いを感じ、そして仲間と共に勝利を祝うのであった。

エピソード7「フォースの覚醒」は謎だらけ

スター・ウォーズは基本的に秘密主義のもとで製作されている。これはこのシリーズが世界的な関心を集めるコンテンツだからなのだが、それだけに、たとえば脚本でさえも俳優たちには部分的にしか配られなかったりする。それも赤い紙に印刷されたものだ。赤い紙をコピーすると真っ黒になってしまうので、こうしておけば極秘の脚本をコピーされて流出することを防げるというわけだ。

とはいうものの、今回の「フォースの覚醒」における秘密の保持は、極秘主義のスター・ウォーズでさえ過去に例のないほど厳重なものだった。なにしろ公開3か月前の段階ですら、そのストーリーがまったく不明なのだ。公表されている情報もごくわずかに以下の事柄ぐらいなのだ。

・物語は「ジェダイの帰還」から30年後
・新たな惑星ジャクーが舞台の1つとなる
・主人公レイはジャクーに住む女性
・悪役はカイロ・レンという男
・ハン・ソロやレイア、ルークなどおなじみのキャラも登場とまあ、ほかにもあるがいずれも断片的なものだ。もちろんネット時代なだけにいろいろな噂も飛び交っている。

ストーリー自体は映画が公開されてしまえば周知の事実となる。そこで、第3章と第4章で、現時点（10月10日）で類推できるエピソード7の内容と、その後のエピソードへの影響なども考察してみた次第である。

Profile | 河原一久(かわはら・かずひさ)

1965年 神奈川県生まれ。TVディレクター、ライター、ストーリー・アナリスト。日本におけるSW研究の第一人者であり、「スター・ウォーズ エピソード1〜6」の字幕監修を手がける。

SW以外の作品でも「イウォークアドベンチャー2」、「アニメ・ドロイドの大冒険」「アニメ・イウォーク物語」「レゴ・スター・ウォーズ」「ファンボーイズ」「ロボットチキン」などの字幕・吹き替え監修を担当。

2003年、第2回日本映画エンジェル大賞を受賞。

2008年「スター・ウォーズ・セレブレーション・ジャパン」(幕張メッセ)を監修・演出。

著書に、『スター・ウォーズ快適副読本』『スター・ウォーズ エピソード3快適副読本』(ともに双葉社)、『スター・ウォーズ・レジェンド』(扶桑社)がある。近著は『スター・ウォーズ論』(NHK出版)。

Staff

文	河原一久
プロデュース・編集	石黒謙吾
デザイン	寺井恵司
編集	樋口淳(扶桑社)
DTP	インフォルム
制作	ブルー・オレンジ・スタジアム
協力	501stリージョン日本部隊
	レベルリージョン日本部隊
写真協力	キャリー・ゴールドマン
	志摩秀紀

スター・ウォーズ
フォースの覚醒
予習復習最終読本

［発行日］ 2015年11月20日 初版第1刷発行

［著者］ 河原一久

［発行者］ 久保田榮一

［発行所］ 株式会社 扶桑社
〒105-8070 東京都港区芝浦1-1-1 浜松町ビルディング
電話:03-6368-8885(編集)
03-6368-8858(販売)
03-6368-8859(読者係)
http://www.fusosha.co.jp/

［印刷・製本］ 凸版印刷株式会社

定価はカバーに表示してあります。

造本には十分注意しておりますが、落丁・乱丁(本のページの抜け落ちや順序の間違い)の場合は、小社読者係宛にお送りください。送料は小社負担でお取り替えいたします(古書店で購入したものについては、お取り替えできません)。

 ISBN978-4-594-07376-3